Ilona Thäsler / Antonia Kaloff

Das kleine Schlaumeierbuch

Ilona Thäsler/Antonia Kaloff

Das kleine Schlaumeierbuch

Warum wir Hummeln im Hintern haben und Fußballer O-Beine

MOEWIG

www.edel.com
2. Auflage 2012

Projektkoordination: Dr. Marten Brandt
Layout und Satz: Matrix Buchkonzepte GbR,
Christina Modi & Maren Orlowski, Hamburg
www.matrix-typo.de
Umschlaggestaltung: Groothuis, Lohfert, Consorten,
Hamburg www.glcons.de
Druck und Bindung: optimal media GmbH, Röbel

Printed in Germany

ISBN 978-3-86803-485-1

Inhalt

Warum wir Hummeln im Hintern haben und Fußballer O-Beine

Sie finden Fußball super? Wunderbar. Sie finden Fußball blöd? Auch gut. In Kapitel zwei finden Sie zusammen und *machen die La-Ola-Welle.*
Sie stehen auf Weihnachten? Wunderbar. Sie können Weihnachten nicht ausstehen? Auch gut. In Kapitel vier *hören Sie zusammen die Englein singen.*
Das macht nicht nur Spaß, sondern wer die Geschichten dazu kennt, ist klar im Vorteil.
Ihr Freundeskreis wird neidvoll danken. *Jeder kennt ja seine Pappenheimer!* Als MDR-Moderatorinnen servieren wir schon seit 2006 kleine Wissensmahlzeiten und konnten nicht anders, als dieses Kleine Schlaumeierbuch daraus zu machen. *Wir hatten nämlich Hummeln im Hintern!* Wie im Vorgängerband ist alles bestens zum Nacherzählen geeignet.

Da beißt die Maus keinen Faden ab! Pflichtlektüre sollte das Kleine Schlaumeierbuch sowohl für Fußball- und Weihnachtsfans, als auch für Fußball- und Weihnachtshasser werden. *Das können Sie ruhig an die große Glocke hängen!* Wir liefern nämlich Rüstzeug für beide Seiten. *Da sind Sie außer Rand und Band!* Komplettiert ist wieder alles mit schrägen Fotos zu den Fragen und mit den originellsten Antworten der MDR-Hörer. *Holzauge sei wachsam!*

Ihre Ilona Thäsler und Antonia Kaloff

Wissensimbiss on air

Am Montag, dem 13. November 2006, stehen bei MDR 1 Radio Sachsen-Anhalt die Telefone nicht still: erstmals strahlt der Radiosender den »Schlaumeier« aus, mit Fragen aus dem Alltag. Die erste Frage heißt: »Warum frieren wir wie ein Schneider?« Hörer können sich an der Lösung beteiligen. So startet der Schlaumeier-Montag, dreimal am Tag gibt es seitdem an jedem Montag eine neue kleine »Wissens-Mahlzeit für zwischendurch«.
Bislang hat MDR 1 Radio Sachsen-Anhalt etwa 750 Schlaumeier-Fragen beantwortet. Mittlerweile stellen die Hörer dem Schlaumeier-Team selbst Fragen mit der Bitte um eine zur Antwort-Recherche.

Seit dem Sommer 2007 gehen die Schlaumeier-Redakteurinnen auch auf Tour, verleihen vor Ort für gutes Erraten oder Wissen auch die Urkunde eines öffentlich-rechtlich bestätigten Schlaumeiers.

Wissen ist zwar Macht, noch größer als die Macht ist aber der Spaß, den die Hörerinnen und Hörer mit dem »Schlaumeier« haben. Mit Freude wird deshalb MDR 1 Radio Sachsen-Anhalt auch weiterhin den »Schlaumeier« ausstrahlen, mit neuen Ideen und der für die Hörer so wichtigen Lebensnähe.

Ihr
Dr. Winfried Bettecken
Hörfunkchef
MDR 1 Radio Sachsen-Anhalt

Weitere Programm-Informationen
unter www.mdr1.de

1. KAPITEL

Da bist du baff!

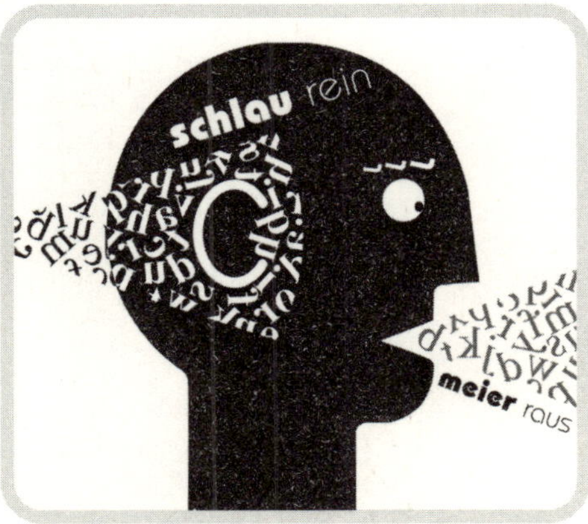

Warum sind wir manchmal baff?

HÖRERSPASS AM TELEFON

Weil »p« und »u« schon besetzt waren!

Baff waren unsere Vorfahren schon im 17. Jahrhundert. Der Ursprung soll auf die Jägerei zurückgehen, in der in dieser Zeit allmählich die Feuerwaffen in Gebrauch kamen. Allerdings hatten die Büchsen einen erheblichen Nachteil: Sie knallten unglaublich laut. Das verscheuchte nicht nur das Wild, sondern brachte auch die Jagdhunde durcheinander. Irritiert begannen sie zu bellen oder zu baffen, wie es damals hieß. Und auch der Jäger staunte; er war baff.

Wieso staunen wir Bauklötze?

HÖRERSPASS AM TELEFON

Das weiß Cindy aus Marzahn am besten!

Ursprungsort der beiden Erklärungen ist jeweils Berlin. Die erste Erklärung geht ins frühe 20. Jahrhundert zurück. Schon damals »glotzten« die Berliner gern in die Gegend und freuten sich über die Neubauten in der Stadt. Mit Schnauze sagte man: »Da staunste wa, wat die widder für Bauklötze hingestellt ham!« Für die zweite Erklärung zitieren wir Gustav Lilienthal, den Bruder des Flugpioniers Otto Lilienthal. Er studierte an der Berliner Bauakademie und erfand Ende des 19. Jahrhunderts den Steinbaukasten. Leider ohne durchschlagenden Erfolg. Also verkaufte er seine Erfindung, um anschließend erleben zu müssen, wie sie weltweit zum Spielhit wurde. Daraufhin soll Gustav lakonisch gesagt haben: »Ganz erstaunlich, diese Bauklötze«.

Wer schwenkt das Damoklesschwert?

HÖRERSPASS AM TELEFON

Robin »Damokles« Hood!

Das Damoklesschwert wird weder geschwenkt, geschüttelt noch gerührt. Es hing im 4. Jahrhundert vor Christus über einem Stuhl. Da saß eigentlich König Dionysios von Syrakus drauf. Der wollte seinem Günstling Damokles aber eine Lehre erteilen, weil Damokles seinem Herrscher Macht und Reichtum neidete. Also lud Dionysios Damokles zu einem Festmahl ein und wies ihm den Königlichen Platz zu. Über seinem Stuhl ließ der Monarch allerdings ein Schwert anbringen, das nur an einem Rosshaar hing. Die Symbolik war klar: Wer herrscht, weiß nie, wie lange, weil er viele Feinde hat. Und so schwebt auch heute noch in brenzligen Situationen das Damoklesschwert über uns.

Warum rostet alte Liebe nicht?

HÖRERSPASS AM TELEFON

Weil Kalk nicht rosten kann!

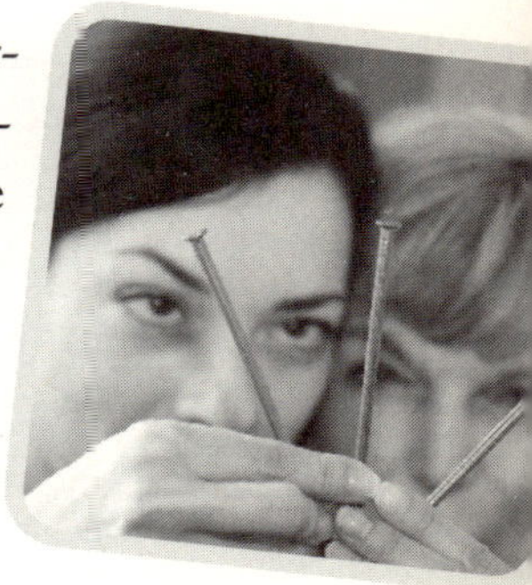

So wie die Liebe unergründlich ist, lässt sich auch der Ursprung dieser Redensart nicht genau feststellen. Wahrscheinlich müssen wir zurück ins Mittelalter. Da holte sich der Ritter seine Angetraute auf die Burg, um sie kurz nach dem Vollzug der Ehe oft gleich wieder zu verlassen. Denn der Held zog in die Schlacht, um seinem Land zu dienen. Geschützt wurde er dabei von seiner Rüstung. Die bestand aus einem Kettenpanzer mit Eisenplatten. Und Eisen rostet ja bekanntlich. Dies wusste natürlich auch das Burgfräulein und erfreute ihren Burgherren zum Abschied mit einem Spruch: »Mag Euch die Pflicht hinwegführen über Zeiten, dass ich alt sei und Euer Eisen rostet, meine Liebe wird es nimmer.« Kurz gesagt: Alte Liebe rostet nicht.

Woher kommt die Missionarsstellung?

HÖRERSPASS AM TELEFON

Fragen Sie Pfarrer Fliege!

Bei der ventro-ventralen Kopulation, so die wissenschaftliche Bezeichnung der Missionarsstellung, liegt die Frau unten, der Mann oben. Aber woher kommt nun der Name? Sexualforscher Alfred Kinsey meint, dass er durch die Christianisierung anderer Völker entstanden sei. Missio-

nare seien entsetzt gewesen über die Sexualpraktiken der Südsee-Insulaner und hätten versucht, »sie unten«, »er oben« als alleinige Praxis durchzusetzen. Ohne Erfolg, aber mit viel Spott nannten die Einheimischen diese vorher unbekannte Stellung »misinari si bubunela«, »Missionarsmode«. Einleuchtend als Erklärung und mittlerweile auch Legende, aber eine Verwechslung. Denn »Missionarsmode« war für die Südsee-Insulaner, wenn Verliebte Händchen hielten.
Die Missionarsstellung dagegen nannten sie »ibilimapu«. Übersetzt: Sie, also die Frau, kann nicht mitmachen. Und daran hat sich bis heute nicht viel geändert.

Warum fällt manchmal der Groschen, wenn wir etwas kapieren?

HÖRERSPASS AM TELEFON

Weil ein Euro zu laut klimpern würde!

Wenn wir uns die Entstehung der Redensart anschauen, dann müssen wir feststellen: Der Groschen fiel ganz schön langsam. Wir brauchen für die Erklärung erstens einen Verkaufsautomaten und zweitens ein Zehnpfennigstück. Den ersten deutschen Münzautomaten erfand 1887 der Schokoladenproduzent Ludwig Stollwerck. Der erste deutsche Groschen wurde indes 1271 geprägt. Es dauerte also einige Jahrhunderte, bis sich Groschen und Verkaufsautomat zur Redensart paaren konnten. Und dann fiel der Groschen, setzte so den Mechanismus im Verkaufsautomaten in Gang und gab Schokolade, Briefmarken, Kaugummi, Zeitungen, Kaffee, Kondome oder wie in unserer Redensart Wissen frei.

Warum lügen wir jemandem die Hucke voll?

HÖRERSPASS AM TELEFON

Damit man nicht die Hucke vollkriegt!

Für die Hucke gehen wir zurück ins Altertum und treffen dort den Höker. Der war nichts anderes als ein Hausierer und zog mit seiner Traglast, die man damals Hucke nannte, von Haus zu Haus. Um seine Waren an den Mann zu bringen, also zu verhökern, tischte der Hausierer auch gern mal deftige Lügen auf. Er log seinen Kunden die Hucke voll.

Oft mit Erfolg. Gingen die Geschäfte besonders gut, trank der Kaufmann auch schon mal ein Gläschen zu viel auf den Erfolg. Und bescherte uns damit eine weitere Redewendung: Die Hucke vollsaufen. Und noch ein Wort kommt von der Tragelast des Hausierers: Huckepack.

Warum platzen manche vor Neid?

Die Redensart soll auf eine Geschichte zurückzuführen sein, die der römische Fabeldichter Phaedrus schrieb. Darin trifft ein eitler Frosch eine grasende Kuh. Der Frosch ist neidisch auf den Wiederkäuer, weil er so viel größer ist als er selbst. Also plustert sich der Frosch auf. Natürlich ohne Erfolg. Die Kuh bleibt einfach größer. Einsehen will der Frosch das allerdings nicht. Und so pumpt er immer mehr Luft in sich hinein. Bis er schließlich platzt.

Warum sind manche Frauen Luder?

HÖRERSPASS AM TELEFON

Am besten mal in der Boxengasse nachfragen!

Das Luder stammt aus der Sprache der Jäger. Auf der Jagd war es schon immer üblich, Köder einzusetzen, um Füchse, Wölfe und Bären anzulocken. Die Köder waren meist ein Stück Fleisch, das besonders intensiv

roch und schon anfing zu verwesen. Dieses Stück Fleisch wurde meist als »Aas« bezeichnet. Als Schimpfwort für das Aas wurde das Wort »Luder« verwendet. Mit »Luder« ist also vor allem das unsittliche Wohlleben, die Schlemmerei und die Verlockung gemeint.

Warum sind manche mit dem Klammerbeutel gepudert?

HÖRERSPASS AM TELEFON

Um die Falten wegzuklemmen!

Legen Sie mal den Beutel für Wäscheklammern zur Seite. Der ist hier nicht gemeint. Es geht vielmehr um eine spezielle Vorrichtung in Getreidemühlen. Im Mehlkasten einer Mühle befindet sich ein Beutel, der ständig geschüttelt wird und so das Mehl von der Kleie trennt, das dann in den Mehlkasten stäubt. Dieser Beutel ist mit einer klammerartigen Vorrichtung im Getreidekasten aufgehängt und wird deshalb auch als »Klammerbeutel« bezeichnet. Wenn nun der Müller den Mehlkasten beim Mahlen öffnet, bekommt er aus dem Klammerbeutel eine ordentliche Portion Mehlstaub ab und das sieht danach aus, als ob er mit dem Klammerbeutel gepudert wurde.

Wieso schützt Alter vor Torheit nicht?

HÖRERSPASS AM TELEFON

Je oller desto doller!

Das fragt man sich schon seit dem frühen 17. Jahrhundert. Zurück geht die Redensart auf einen der bedeutendsten Dramatiker der Weltliteratur: William Shakespeare. Unter seinen Tragödien finden sich auch einige Römerdramen, darunter »Antonius und Cleopatra«.

Marcus Antonius ist bei seiner Geliebten in Ägypten. Dort erfährt er in der dritten Szene des ersten Aktes vom Tod seiner Frau Fulvia. Cleopatra schaut ihn ungläubig an und sagt: »Wenn mich das Alter auch nicht schützt vor Torheit / Doch wohl vor Kindischsein.« Im Laufe der Zeit wurde die Redewendung verballhornt. Bekannt ist zum Beispiel auch: »Die Alte schützt vor Torheit nicht.«

Warum türmen manche aus dem Gefängnis?

HÖRERSPASS AM TELEFON

Weil der König schon schachmatt ist!

Das wissen nur die Ausbrecher selbst und deshalb ist auch nicht genau geklärt, woher dieses Sprüchlein kommt. Wahrscheinlich stammt es aus dem Mittelalter. War es Angreifern gelungen, eine Burg einzunehmen, nahm die Burgbesatzung letzte Zuflucht im Bergfried. Da sich der Zugang zu dem höchsten Turm der Burganlage in etwa fünf Metern Höhe befindet, hatten die Angreifer kaum eine Chance zu folgen, denn die Burgbesatzung zog nach der Flucht die Leiter schnell nach oben – sie war eben erfolgreich getürmt. Eine weitere Erklärung leitet sich von der Flucht aus dem Turmgefängnis ab, das kurz und bündig Turm genannt wurde. Und die dritte Erklärung bezieht sich auf das Wort »tharam«. Es kommt aus dem Hebräischen und bedeutet »entfernen«.

Warum stehen wir Schmiere?

HÖRERSPASS AM TELEFON

Damit die Schuhe glänzen!

Die Schmiere hat bei der Redewendung »Schmiere stehen« nichts mit Fett zu tun, auch wenn so mancher Gauner nach dem Schmierestehen sein Fett weg bekommen hat. Das Wort »Schmiere« stammt nämlich aus der Gaunersprache. Ob es auf das jiddische Wort »schmiro« zurückgeht oder auf das hebräische »schemirah», ist nicht sicher geklärt. Beide Varianten werden mit »Wache« übersetzt und bedeuten also ganz einfach »Wache halten«.

Warum kommen manche auf den letzten Drücker?

HÖRERSPASS AM TELEFON

Weil nicht immer der frühe Vogel den Wurm fängt!

Der letzte Drücker geht nicht auf die Türklinke zurück. Entstanden ist die Redensart wahrscheinlich in der ersten Hälfte des 19. Jahrhunderts. 1820 wurde in Altenburg das Skatspiel erfunden. Dabei werden beim Geben zwei Karten gesondert verdeckt auf den Tisch gelegt. Den sogenannten Skat oder Stock nimmt bei einem gewöhnlichen Spiel der Alleinspieler auf und drückt dann wieder zwei Karten weg. Diese beiden gedrückten Karten sind die letzten, die vor dem Spielstart weggelegt werden, können aber später entscheidend für den Spielgewinn sein. Sagen die einen. Die anderen meinen dagegen, dass der letzte entscheidende Stich beim Skat mit besonderem Nachdruck auf den Spieltisch gelegt wurde. So oder so: Man kam auf den letzten Drücker zum Sieg.

Warum sind manche »etepetete«?

Wer etepetete ist, der gilt als steif und geziert. Zum Ursprung dieser Formulierung für eine unbeliebte Verhaltensweise führen uns zwei Wege. Der erste kommt aus dem Niederdeutschen. Da bedeutet »öte« so viel wie »besonders fein«. Der Volksmund hat durch Reimspielereien etepetete daraus gemacht. Der zweite Weg kommt von den Hugenotten aus Frankreich, die sich zu Beginn des 18. Jahrhunderts in Berlin ansiedelten. Den Einheimischen galten sie als übertrieben höflich und unentschlossen. Oft hörte man als Antwort auf Fragen einfach nur: être, peut-être. Was so viel heißt wie: Kann sein, vielleicht. Die Berliner empfanden das als sehr geziert und revanchierten sich mit Berliner Schnauze: Aus être, peut-être wurde etepetete.

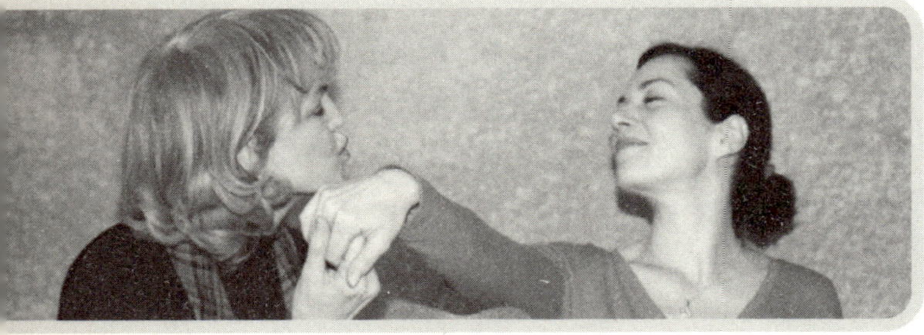

Wann ist man aus echtem Schrot und Korn?

HÖRERSPASS AM TELEFON

Wenn's knallt!

Wer aus echtem Schrot und Korn ist, der ist einfach ein richtig guter Typ. Die Redensart stammt aus dem Münzwesen. Schrot steht für das Gesamtgewicht einer Münze mit allem, was sie an edlen und unedlen Bestandteilen enthält. Korn bezeichnet dagegen nur den Gehalt an edlen Metallen. Bei einer Münze aus echtem Schrot und Korn ist die Balance zwischen beiden ausgewogen, es stimmt einfach alles. Genau wie bei einem Menschen, der mitten im Leben steht.

Warum ist mancher Kerl ein Stümper?

HÖRERSPASS AM TELEFON

Weiß ich nicht. Ich weiß nur: Stumpi ist ein ganzer Kerl!

Der Stümper bringt nichts Richtiges zustande. Und das schon seit dem Mittelalter. Da wurden unfähige Handwerker, die mit stumpfem Werkzeug wertvolle Materialien verpfuschten, als Stümpler bezeichnet. Das sagen die einen. Die anderen sehen den Ursprung des Stümpers in der Schweiz.

Dort erfand man im 19. Jahrhundert in Basel die Cervelat, eine ganz besondere Brühwurst. Die Rezeptur war streng festgelegt. Nicht jeder Fleischer wollte sich daran halten. In St. Gallen kreierte man eine eigene Variante. In der Form dicker und kürzer. Sie erhielt den Beinamen Stumpen. Weil diese aber nicht dem Original entsprach, wurden die Hersteller bald nur noch Stümper genannt.

Woher kommt der Saftladen?

HÖRERSPASS AM TELEFON

Immer von der anderen Partei!

Der Saftladen kommt aus dem 19. Jahrhundert und aus Berlin. Die kesse Berliner Schnauze nannte Apotheken so, weil man dort auch Kräutersäfte kaufen konnte. Die waren neben Pillen und Pulvern ein einträgliches Geschäft für die Apotheker. Da wundert es kaum, dass aus dem Nebengeschäft für manchen der Hauptverdienst wurde. So wanderte die Bezeichnung Saftladen von den Apotheken zu speziellen Likörgeschäften. Die waren zunächst noch gut angesehen. Je mehr allerdings aus den Likörgeschäften Spelunken wurden, änderte sich auch der Ruf des Saftladens. Und heute freut sich niemand mehr, wenn wir sagen: So ein Saftladen.

Warum machen wir etwas aus dem Stegreif?

HÖRERSPASS AM TELEFON

Sitzgreife sind zu gefährlich!

Im Mittelalter hatte man es nicht einfach: Kein Telefon, keine Fax, kein Internet und keine E-Mail. Trotzdem gab es auch schon damals eilige Botschaften. Dafür mussten Reiter ran. Die preschten durch die Gegend und hatten keine Zeit dafür, erst abzusteigen, um die Mitteilungen zu verkünden. Sie machten es spontan aus dem Steigbügel heraus. Das altnordische Wort dafür war »stigreip«. Daraus wurde »stegreif«. Übrigens, in Bayern sagt man auch heute noch an Schulen zu nicht angekündigen Arbeiten gern Stegreifaufgaben.

Warum schlagen wir manchmal ein Schnippchen?

HÖRERSPASS AM TELEFON

Meine Liebste kennt nur Schnäppchen!

Wer anderen ein Schnippchen schlägt, der nutzt seinen Vorteil und steckt seinen Gegenüber ganz einfach in die Tasche. Und zwar schon seit der Renaissance. Gehen wir dazu in den Mittelmeerraum. Auf dem Territorium des heutigen Italiens gab es im 15. und 16. Jahrhundert viele kleine Stadtstaaten. Der Handel zwischen den Miniländern blühte und die Zölle zogen nach. Die wollte natürlich so mancher brave Handwerksmann umgehen. Wenn es gelang, schnippte er den Mittel- oder Ringfinger gegen den Daumen und schnalzte zusätzlich mit der Zunge. Die Botschaft: Nicht so viel halte ich von Dir. Nicht so viel bekommst Du von mir. Der Brauch ist in Vergessenheit geraten, die Redensart ist geblieben.

Warum ziehen wir jemanden über den Tisch?

HÖRERSPASS AM TELEFON

Weil dahinter das Sofa steht!

Das wissen die Bayern am besten. Die ziehen sich nämlich schon seit mehr als 100 Jahren über den Tisch. Und zwar beim Fingerhakeln. Und hier hat auch unsere Redensart ihren Ursprung. Früher wurden nämlich im Alpenland Streitereien durch Fingerhakeln ausgetragen. Genau wie im Sprichwort kommt es dabei nicht nur auf Kraft, sondern auf die richtige Technik an. Und was braucht man dazu? Erstens einen Lederriemen, zweitens einen Tisch, drittens zwei Hocker. Die Gegner haken sitzend die Mittelfinger in den Lederriemen ein und versuchen, sich gegenseitig über den Tisch zu ziehen. Übrigens: Fingerhakeln ist heute eine anerkannte Sportart mit Bayrischen, Österreichischen, Deutschen und Alpenländischen Meisterschaften.

Wieso zeigen wir jemandem, was eine Harke ist?

HÖRERSPASS AM TELEFON

Hacken waren gerade nicht am Lager!

Die Redensart gab es schon im 16. Jahrhundert. Sie geht auf die Anekdote »Der ungeratene Sohn« von Hans Ackermann zurück. Darin erzählt er von einem Bauernsohn, der erst weg- und dann wieder heimzog. Weil er aber in der Fremde eine Lateinschule besucht hatte, tat er so, als ob er in seinem Heimatdorf niemanden mehr verstehen könne. Selbst die Namen von einfachsten Gartenwerkzeugen schienen ihm entfallen zu sein. Die Rechnung für so viel Hochmut folgte auf dem Fuße. Als der Bauernsohn nämlich auf eine Harke trat, schlug ihm der Stiel an den Kopf und er schrie entsetzt: »Verfluchte Harke.« Und seitdem zeigen wir, wenn es nötig ist, gern mal jemandem, was eine Harke ist.

Wieso loben wir über den grünen Klee?

Eindeutig geklärt ist die Herkunft der Redensart nicht. Aber wahrscheinlich geht sie darauf zurück, dass Klee früher eine beliebte Grabpflanze war, wie heute das Immergrün. Lobt man nun jemanden über den grünen Klee, so lobt man ihn wie einen Verstorbenen. Das Gute wird auf einen Sockel gestellt und das Schlechte einfach unter den Teppich gekehrt.

Was ist das Zünglein an der Waage?

In diesem Falle gilt: Zu Herkunft und Bedeutung fragen Sie Ihren Apotheker. Der legte zum Beispiel in die eine Schale einer Balkenwaage ein heilendes Wurzelkraut. In die zweite Schale Gewichte, bis beide Waagschalen ausbalanciert waren. So hatte der Apotheker nun das Gewicht der Wurzel.
Bei vielen Rezepturen reichten aber diese Messgewichte für die ge-

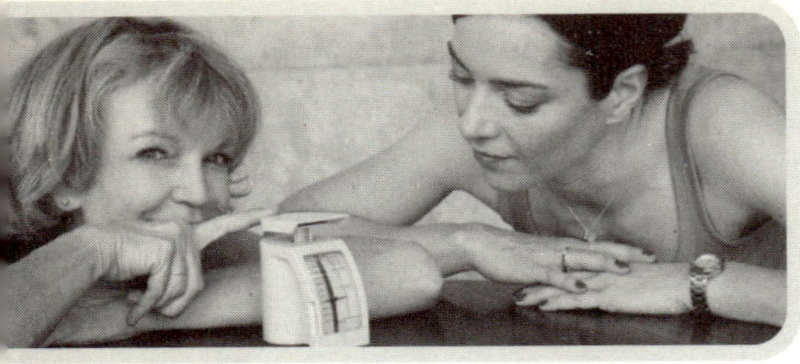

naue Angabe nicht. Dann musste das Zünglein her. Das ist ein senkrechter Zeiger in der Mitte der Waage. Dieser Zeiger schwingt bei Belastung aus und steht still, wenn alles ausgewogen ist. Damit zeigt das Zünglein kleinste Unterschiede an und kann so den Ausschlag geben.

Warum stehen wir unter der Fuchtel?

HÖRERSPASS AM TELEFON

Weil Ehefrauen sich früher mit dem Kochlöffel Respekt verschaffen wollten!

Die Redensart kommt aus dem 16. Jahrhundert. Wer damals in der Armee diente und aufsässig war, der musste mit drakonischen Strafen rechnen. Vor allem bei Exerzierfehlern kannten die Ausbilder keine Gnade. Der Missetäter wurde unter die Fuchtel genommen. Dabei ist die Fuchtel die breite Klingenfläche eines Fechtdegens. Zum Schmerz kam auch noch das Gespött der Kameraden, denn die Fuchtel sauste nicht selten auf das blanke Gesäß nieder.

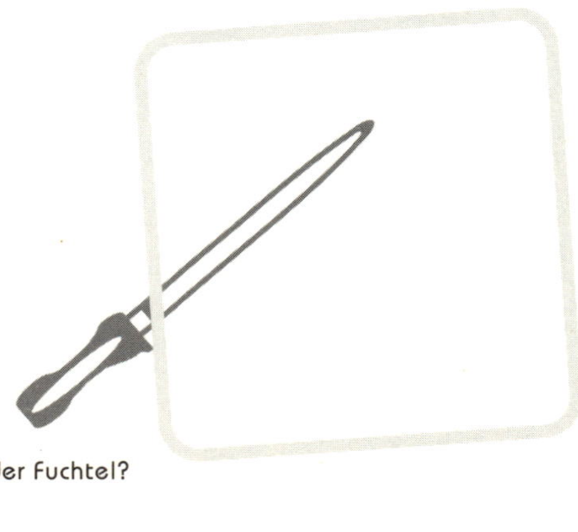

Was interessiert uns nicht die Bohne?

HÖRERSPASS AM TELEFON

Das Wetter von gestern!

Die Bohne stand schon im Mittelalter für das Unwichtige und Unbedeutende. Viele Bohnen waren zwar als Mahlzeit sehr willkommen, aber von der einzelnen allein konnte niemand satt werden. Deshalb war die Bohne nichts wert. Hinzu kam, dass Kinder die Hülsenfrucht gern als Spielgeld benutzten. Das ruinierte das Ansehen der Bohne komplett. Sie wurde das allerletzte, wofür sich jemand interessierte. Übrigens: Im Mittelalter machte man sprichwörtlich aus der Mücke keinen Elefanten, sondern aus der Bohne einen ganzen Berg.

Warum schaffen wir etwas nur mit Hängen und Würgen?

Mit Hängen und Würgen konnte früher niemand etwas anfangen. Zwischen Hängen und Würgen schon. Den Ursprung der Redensart finden wir im Mittelalter. Wer Schlimmes auf dem Kerbholz hatte, landete oft am Galgen. Letzter Ausweg war ein Gnadengesuch an den Landesfürsten. Der traf seine Entscheidung aber oft sehr spät. Dann hatte der Ganove schon die Schlinge um den Hals und erst zwischen Hängen und Würgen traf die Begnadigung ein. Also im letzten Augenblick.

Wer kennt seine Pappenheimer?

Pappenheimer waren ursprünglich ganz patente Leute. Alles geht auf ein Lob zurück: Schillers Drama »Wallensteins Tod« spielt im Dreißigjährigen Krieg. Darin erzählt er die Geschichte vom »Grafen von Pappenheim« und seinem Regiment. Während sich andere Truppen von Wallenstein abwandten, blieb ihm der »Graf von Pappenheim« mit seinen Männern treu. Wallenstein lobt die Männer für ihren Mut und ihre Treue mit den Worten: »Daran erkenn ich meine Pappenheimer.« Die abschätzige Bedeutung der Redewendung hat sich erst im Laufe der Zeit entwickelt.

Wer bricht den Stab über jemanden?

HÖRERSPASS AM TELEFON

Harry Potter und Tim Lobinger!

Der Stab, von dem hier die Rede ist, gehörte im Mittelalter dem Richter. Er eröffnete damit die Verhandlungen, sorgte mit dem Stab für Ruhe, und wenn der Richter ihn niederlegte, war die Verhandlung geschlossen. Also alles halb so schlimm. Außer der Richter zerbrach den Stab. Das passierte über dem Kopf eines Delinquenten dann, wenn er zum Tode verurteilt war. Unmittelbar vor der Hinrichtung geschah dies und der Richter sprach dazu: »Nun helfe dir Gott, ich kann es nicht mehr.« Und so gilt noch heute: Ist der Stab erst einmal zerbrochen, kann man nur noch einpacken.

Warum stehen wir jemandem zur Seite?

HÖRERSPASS AM TELEFON

Damit es nicht zum Stechen kommt!

Die Redewendung »jemandem zur Seite stehen« stammt aus der Welt des Rechtswesens. Vor Gericht war es schon immer üblich, strenge Regeln zu befolgen. Wenn zum Beispiel ein Zeuge für den Angeklagten sprechen wollte, durfte er nicht einfach drauflosreden, sondern musste sich von seinem Platz erheben und sich neben den Angeklagten stellen. Er ergriff also Partei für ihn und stellte sich an seine Seite.

Warum hängen wir etwas an die große Glocke?

HÖRERSPASS AM TELEFON

Weil sich niemand für kleine Glocken interessiert!

Die Lebensregel »Häng an die große Glocke nicht, was jemand im Vertrauen spricht« hat der deutsche Dichter Matthias Claudius im 18. Jahrhundert formuliert, und zwar in seinem Werk »Ein silbern ABC«. Doch auf welche Glocke bezieht sich der Dichter? Früher war es üblich, dass bei wichtigen Angelegenheiten, wenn zum Beispiel eine Gefahr drohte oder wenn jemand geheiratet hatte, die große Glocke der Dorfkirche geläutet wurde. So wussten alle, dass etwas Wichtiges passiert war, weil es eben an die große Glocke gehängt wurde.

Woher kommt der »alte Knacker«?

HÖRERSPASS AM TELEFON

Aus der Würstchenbude!

Der alte Knacker kam schon im Mittelalter nach Europa. Und zwar mit dem Spinnrad. Das bestand bereits damals aus Fußkurbel, Schwungrad, Riemen und Spindel. Einmal in Bewegung gesetzt, griffen drei Vorgänge ineinander: erstens der Antrieb der Spindel, zweitens das Ausziehen der Fasern und drittens das Aufwickeln des Garns. Dies war nun nicht nur zu sehen, sondern auch zu hören. Bei jeder Umdrehung knackte das Spinnrad. Also dauerte es gar nicht lange und man nannte jemanden, der das Spinnrad bediente, Knacker. Ein Knacker mit Erfahrung wurde später zum alten Knacker.

Warum verurteilen wir jemanden in Bausch und Bogen?

HÖRERSPASS AM TELEFON

Weil Bosch und Baugen merkwürdig klingt!

Wenn wir jemanden in Bausch und Bogen verurteilen oder etwas in Bausch und Bogen ablehnen, dann machen wir das, ohne alle Einzelheiten zu kennen. Das kann sich natürlich sehr nachteilig auswirken. Und so war es auch, als die Redensart im Mittelalter entstand. Wollte zum Beispiel einer sein Land verkaufen, wusste er oft nicht genau, wie groß es war. Denn Grundstücke waren nicht immer rechteckig. Manche besaßen an der Grenze eine Einbuchtung, also einen Bogen. Andere dafür eine Ausbuchtung, Bausch genannt. Wer jetzt seine Grundstücksfläche berechnen wollte, konnte das also nur über den Daumen gepeilt machen, anders gesagt: in Bausch und Bogen.

Warum geben wir jemandem einen Laufpass?

HÖRERSPASS AM TELEFON

Weil Rennpässe zu weit oben liegen!

Am Anfang des Laufpasses stand keine zerrüttete Beziehung. Ganz im Gegenteil:
So manche wurde vielleicht dadurch gerettet. »Jemandem einen Laufpass geben« stammt aus der Militärsprache des 18. Jahrhunderts. Wenn ein Soldat einen »Laufpass« oder auch »Laufzettel« bekam, durfte er sich rechtmäßig von der Truppe entfernen, entweder um den wohlverdienten Diensturlaub anzutreten oder um sich vom Wehrdienst zu verabschieden. Der »Laufpass« war also eine Art Entlassungsdokument. Es war für die Soldaten sehr wichtig, denn so konnten sie nachweisen, dass sie nicht fahnenflüchtig waren.

Warum wird mancher zur Minna gemacht?

HÖRERSPASS AM TELEFON

Nachschlagen bei Gotthold Ephraim Lessing!

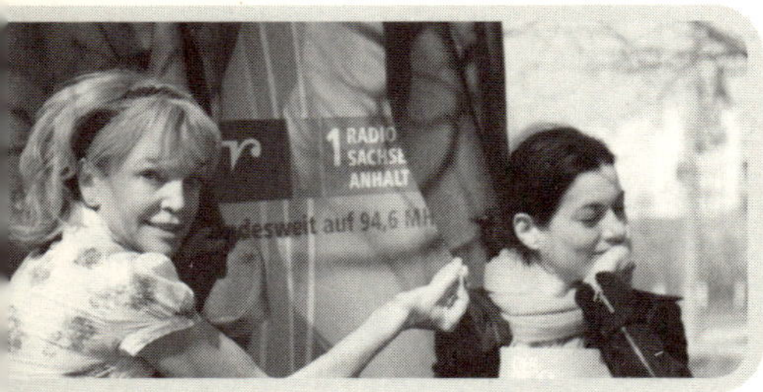

Die Redewendung »jemanden zur Minna machen« stammt aus dem 19. Jahrhundert. Damals war einer der beliebtesten Vornamen in Deutschland »Wilhelmine«, kurz einfach nur »Minna«. Da auch viele Dienstmädchen so hießen, wurden gleich alle Dienstmädchen »Minna« gerufen. Meist wurden sie schlecht behandelt und auch oft barsch zurechtgewiesen. Und so hat sich im Laufe der Zeit die Wendung »zur Minna machen« als Inbegriff für Zurechtweisung und schlechte Behandlung durchgesetzt.

Warum hecheln wir etwas durch?

Mütter könnten auf die Idee kommen, dass das »Durchhecheln« mit der Geburt eines Kindes zu tun hat, und Quatschtanten suchen den Ursprung vielleicht beim Quasseln mit den besten Freundinnen. Aber die Redewendung »jemanden oder etwas durchhecheln« hatte früher weder mit einer beschleunigten Atmung noch mit Klatsch und Tratsch zu tun. Am Anfang war die ländliche Leinenverarbeitung. Die Herstellung des Stoffes war sehr aufwendig. Leinen wird aus den Fasern der Flachspflanze hergestellt. Nachdem die Fasern von den Stängeln befreit worden sind, hängen sie meist noch zusammen und müssen gekämmt werden. Das geschieht auf einer Hechel, einer Art Metallkamm. Die Fasen werden solange über die Drahtspitzen gehechelt, bis sie fein genug sind, um gesponnen werden zu können.

Wer hängt uns etwas an?

HÖRERSPASS AM TELEFON

Die Modedesigner!

Die Redewendung »jemandem etwas anhängen« stammt aus dem Mittelalter. Damals herrschten raue Sitten. Wer sich nicht an die Gesetze und die allgemeine Ordnung hielt, wurde ausgepeitscht, gefoltert oder öffentlich angeprangert. Verbrecher wurden aber nicht nur an den Pranger gestellt und gedemütigt, sondern es war auch üblich, ihnen ein Symbol ihres Verbrechens oder Vergehens umzuhängen. So wurde einem Dieb zum Beispiel seine Beute um den Hals gehängt, einem Säufer eine Flasche und streitsüchtige Ehefrauen bekamen einen Besen umgehängt. So konnte jeder sehen, wer gegen die Gesetze verstoßen hatte und was ihm oder ihr zur Last gelegt wurde, eben weil ihm oder ihr etwas angehängt wurde.

Warum kommen wir vom Regen in die Traufe?

Dafür schauen wir uns die Dachtraufen etwas genauer an. Das sind die Unterkanten geneigter Dächer. An dieser Tropfkante fließt das Regenwasser direkt in die Dachrinne ab. Wer sich vor prasselndem Regen schützen will und sich ausgerechnet unter die Dachtraufe stellt, dem kann es passieren, dass sich über ihm das gesamte vom Dach abgeflossene Regenwasser ergießt und er erst recht nass wird. Er kam eben vom Regen in die Traufe.

Warum betrügen manche nach Strich und Faden?

HÖRERSPASS AM TELEFON

Weil sie in Nadelarbeit immer Note Eins hatten!

Machen wir eine Stippvisite ins Weberhandwerk. Ursprünglich wurden Strich und Faden bei der Stoffherstellung im positiven Sinn gebraucht, denn mit »Strich« war die Webart, das Muster gemeint und mit »Faden« das Material. Ein Gewebe galt nur dann als fehlerfrei, wenn das Muster – also der Strich – in der gewünschten Form gelungen war und wenn der Faden keine Fehler aufwies, also keine Knötchen hatte und auch kein Faden gebrochen war. Das fertige Webstück wurde also »nach Strich und Faden« geprüft, ob es einwandfrei mit größter Sorgfalt hergestellt worden war. Wer mit dieser Sorgfalt jemand anderen hintergeht, der hat ihn eben nach Strich und Faden betrogen.

Warum sind wir auf etwas erpicht?

So ein Vogel hatte es früher nicht einfach. Nicht nur, dass er für den Pech- und Lockvogel herhalten musste, oft flog er Vogelstellern ins Netz, das auch Garn hieß. Daher übrigens die Redensart: Ins Garn gehen. Wenn das nicht klappte, wurde der Piepmatz erpicht. Und das ging so: Der Vogelsteller bestrich die Zweige eines Strauches mit Leim, früher auch Pech genannt, und der Vogel, der sich draufsetzte, kam nicht mehr weg. Und so sagen wir auch heute noch von jemandem, der unbedingt etwas will, der also an seinem Wunsch festklebt, dass er darauf erpicht ist.

Wer stellt sein Licht unter den Scheffel?

HÖRERSPASS AM TELEFON

Nie die Banker!

Der Scheffel ist ein altes Getreidemaß und sieht aus wie ein schaufelartiges Gefäß. Wenn man nun früher zum Beispiel eine Kerze unter diesen Scheffel stellte, dann hatte man nicht viel davon. Denn der Scheffel wirkte wie ein Schirm und ließ unseren Vorfahren nur wenig Licht übrig. Ursprünglich geht diese Redewendung auf die Bibel zurück. Bei Matthäus heißt es dazu: »Man zündet auch nicht ein Licht an und setzt es unter einen Scheffel, sondern auf einen Leuchter, so leuchtet er allen im Hause.« Übrigens gehen seit Luther viele davon aus, dass mit dem Scheffel nicht nur ein Getreidemaß, sondern auch ein Eimer oder Bottich gemeint ist.

Warum ist uns etwas schnuppe?

»Schnuppe« kommt aus dem Mittelalter und hieß damals noch »snuppe«. Das bedeutete so viel wie »putzen«. Für unsere Redensart mussten Kerzen geputzt werden. Dabei wurde das noch glühende Dochtende abgeschnitten, damit die Kerze nicht rußte. Dieses überflüssige Stück Docht nannte man »Schnuppe«. Wahrscheinlich hat man in Berlin besonders eifrig geputzt, denn hier ist die Redensart 1878 zum ersten Mal schriftlich belegt. Etwa zur gleichen Zeit entstanden übrigens auch: Das ist mir Wurst, schnurz oder piepegal.

Warum kommen manche vom Hundertsten ins Tausendste?

HÖRERSPASS AM TELEFON

Weil drei Nullen mehr bringen als zwei!

Schon Martin Luther hat die Redewendung gebraucht: »Sie haben eine seltsame Weise zu reden, als sie keine Ordnung halten, sondern das Hundert in das Tausend werfen.« Die Redewendung »vom Hundertsten ins Tausendste kommen« stammt tatsächlich aus Luthers Zeit, also aus dem 15./16. Jahrhundert. Damals war es noch üblich, Rechenaufgaben mit dem Rechenbrett zu lösen. Die Rechenbretter waren in Rubriken angeordnet mit Einern, Zehnern, Hundertern und Tausendern. Gelöst wurden die Rechenaufgaben durch hin- und herschieben von Marken, von sogenannten Rechenpfennigen. Wer sich dabei nicht konzentrierte, dem konnte es schnell passieren, die Rubriken durcheinanderzubringen und von einem Hunderter in einen Tausender zu kommen.

Warum zetteln wir manchmal etwas an?

HÖRERSPASS AM TELEFON

Wer schreibt, der bleibt!

Wer etwas anzettelte, war ursprünglich Weber. Zettel waren die tragenden Längsfäden im Gewebe, die zum Arbeitsbeginn auf den Webstuhl gespannt wurden. Am Anfang eines neuen Arbeitsgangs stand also immer das Aufspannen der Fäden, das Anzetteln. Übrigens: Auch das Verzetteln kommt vom Webstuhl. Wer beim Weben nicht aufpasste, verhedderte die Fäden genau wie Gedanken, die manchmal kreuz und quer gehen.

Warum sind aller guten Dinge drei?

HÖRERSPASS AM TELEFON

Weil ein »Dreier« mehr Spaß macht!

Dazu brauchen wir Recht und Gesetz und begeben uns zu den alten Germanen. Das »Ding« kommt nämlich aus der germanischen Rechtssprache. Damals wurden die Volks- und Gerichtsverhandlungen »Thing« genannt. Ein Thing dauerte immer drei Tage. Bei Gerichtsverhandlungen hatte der Angeklagte also drei Tage Zeit, seine Unschuld zu beweisen oder Besserung zu geloben. Es hieß also ursprünglich: »Aller guten Thinge sind drei.« Im Laufe der Zeit haben wir aus dem Thing das Ding gemacht und deshalb sind heute »aller guten Dinge drei«.

Warum bezirzen wir jemanden?

Der Begriff »bezirzen« stammt aus der griechischen Mythologie. In Homers »Odyssee« landet Odysseus während seiner Irrfahrt auf einer Insel. Dort trifft er mit seinen Gefährten die Zauberin Circe. Circe betört mit ihrem Liebreiz die Gefährten und verzaubert sie in Schweine, Odysseus selbst hält sie auf der Insel ein Jahr lang gefangen. Das gelingt ihr wahrscheinlich nicht nur, weil sie zaubern kann, sondern vor allem auch, weil sie bezaubernd ist. Wie wurde aus der bezaubernden Kirke die Circe? Im Lateinischen wurde aus dem K ein C gemacht und wir sprechen das C wie Z aus, deshalb bezirzen wir jemanden.

Wer baut wem eine goldene Brücke?

HÖRERSPASS AM TELEFON

Der Zahnarzt seinem Patienten!

»Die goldene Brücke« wurde als alte Kriegsregel »gebaut«. Der flüchtende oder abziehende Gegner soll nicht mehr bekämpft werden, sondern ihm soll die Flucht oder der Rückzug sogar erleichtert werden. Sollte dafür eine Brücke nötig sein, so soll ihm eine Brücke gebaut werden. Das waren natürlich keine goldenen Brücken, das Adjektiv »golden« wurde später dazugedichtet, um die Bedeutung der alten Kriegsregel noch mehr zu verdeutlichen.
Allerdings hatte diese Regel nichts mit Ritterlichkeit zu tun, sondern mit cleverer Kriegstaktik. Dem geschlagenen Feind wurde der Rückzug möglichst leicht und bequem gemacht, damit er nicht noch eine Verzweiflungsschlacht begann und der Schaden für den Sieger damit größer wurde.

Wer macht uns ein X für ein U vor?

HÖRERSPASS AM TELEFON

Politiker vor den Wahlen!

Für diese Redewendung schlagen wir im klassischen lateinischen Alphabet nach. Das bestand nur aus 21 Buchstaben und hatte noch kein U. Aber ein V. Und so stand erst einmal das V für das U. Das V ist aber in der lateinischen Schreibweise auch das Symbol für die Zahl

Fünf. Verlängert man nun die beiden Striche im V über das untere Ende hinaus, wird daraus ganz schnell als Buchstabe ein X und als lateinische Zahl die Zehn. Wer sich früher Geld lieh, musste deshalb auf der Hut sein. Schnell verdoppelte der Gläubiger den Schuldbetrag. Er machte dem Schuldner einfach ein X für ein U vor.

Wer geht auf Tuchfühlung?

Die Redewendung »auf Tuchfühlung gehen« gibt es noch gar nicht so lange: Sie entstand kurz vor dem ersten Weltkrieg aus der Soldantensprache. Wenn sich die Soldaten in Reih und Glied aufstellten, mussten sie darauf achten, möglichst dicht nebeneinander zu stehen, so dicht, dass das Tuch der Uniformen sich berührte – sie gingen eben auf Tuchfühlung!

Wer schlägt wann Geld raus?

HÖRERSPASS AM TELEFON

Die Ölmultis an der E10-Tanke!

Die Redensart geht auf die Anfänge des Münzwesens zurück, ist also wahrscheinlich über 2500 Jahre alt. Unsere Vorfahren konnten die Münzen noch nicht maschinell prägen. Sie mussten mit einem schweren Hammer oder mit einem Stanzgerät einzeln herausgeschlagen werden. Da kam es natürlich darauf an, dass der Platz auf den Metallklumpen oder -platten optimal genutzt wurde. Wer dabei geschickt vorging, brachte es auf mehr Münzen als andere. Er schlug einfach mehr Geld heraus.

Woher kommt der arme Schlucker?

HÖRERSPASS AM TELEFON
Von der Zapfsäule!

Im 15. Jahrhundert blühten Wirtschaft und Handel auf und einige Familien wurden sehr wohlhabend. Das zeigte man sich untereinander sehr gern und lud zu großen Festen ein. Wer dabei besonders viel auftafelte, galt als reicher Schlemmer. Gingen die Geschäfte schlechter, wurden Essen und Trinken kontingentiert. Aus dem reichen Schlemmer wurde der arme Schlucker. Soweit die erste Erklärung. Die zweite führt auch ins späte Mittelalter, ist aber nichts für schwache Nerven. Damals war die Inquisition allgegenwärtig. Wissenschaftler oder Kräuterfrauen landeten schnell als Hexen oder Ketzer im Kerker und wurden gefoltert. Mit furchterregenden Eisenwerkzeugen, aber auch mit sogenannten Trinkkuren. Dabei musste man schlucken, bis man gestand. Und wurde sprichwörtlich zum armen Schlucker.

Warum hänseln wir jemanden?

HÖRERSPASS AM TELEFON

Greteln ist unanständig!

Hänseln hat mit Hans überhaupt nichts zu tun. »Hänseln« oder »Hanste« kommt von Hanse. Und Hanse bedeutet wiederum Gruppe, Gefolge und Schar. Wer also hineinwollte in so eine Gemeinschaft, musste Proben bestehen. Der Kandidat wurde »gehänselt« oder »gehanst«. Ein bekanntes Überbleibsel dieser Sitte ist zum Beispiel die Äquatortaufe auf dem Schiff.

Warum nehmen wir kein Blatt vor den Mund?

HÖRERSPASS AM TELEFON

Das braucht Adam schon woanders!

Schon Martin Luther nahm kein Blatt vor den Mund. Bereits im 16. Jahrhundert wurde die Redensart verwendet und stammt wahrscheinlich aus der Welt des Theaters. Wenn die Schauspieler obszöne Texte sprechen mussten, hielten sie sich ein Blatt Papier vor das Gesicht, so dass sie nicht erkannt und damit auch nicht zur Rechenschaft gezogen werden konnten.

Wieso pfeifen wir auf dem letzten Loch?

HÖRERSPASS AM TELEFON

Die anderen sind verstopft!

Schon im 17. Jahrhundert machte man sich seinen Reim auf's letzte Loch. Entstanden ist die Redensart in der Welt der Musik. Blasinstrumente haben einen festgelegten Tonumfang. Wenn auf dem letzten Loch geblasen bzw. gepfiffen wird, wird der höchstmögliche Ton des Instruments gespielt. Danach gibt es keine Steigerungsmöglichkeiten, alle Reserven wurden ausgeschöpft – der Musiker pfiff auf dem letzten Loch.

Warum schwimmen uns die Felle weg?

HÖRERSPASS AM TELEFON

Die hat PETA befreit!

Die Grundlagen für diese Redensart wurden bereits in der Steinzeit gelegt. Mit der Entdeckung des Feuers kamen unsere Vorfahren nämlich darauf, dass sich Rauch auch ganz vortrefflich als Gerbmittel für Felle nutzen ließ. Damit entstand, wenn man so will, das Berufsbild des Lohgerbers, und der ist wiederum der Ursprung aller wegschwimmenden Felle. Da der Wortschatz unserer Steinzeitverwandten aber recht beschränkt war, dauerte es noch bis zum Mittelalter, bis sich unsere Redewendung einprägte. Lohgerber arbeiteten damals meist im Freien. Die Tierfelle wurden an Bächen und an Flüssen behandelt. Da geschah es zwangsläufig, dass dem Gerbergesellen mal ein teures Stück aus der Hand rutschte. Und seitdem sehen auch wir bei Verlust oft die Felle wegschwimmen.

Was ist verflixt und zugenäht?

HÖRERSPASS AM TELEFON

Der Keuschheitsgürtel!

Im Mittelalter hatten es unsere Vorfahren nicht leicht. Lästern war zwar auch damals schon angesagt, aber verboten. Das Wort »verflucht« durfte man vielleicht gerade noch denken, aber auf keinen Fall aussprechen. Da war die Not groß, und die macht bekanntlich erfinderisch. Also nahm man einfach die eine oder andere sprachliche Änderung vor, um trotzdem das gleiche auszudrücken. So wurde aus »Pfui Teufel« zum Beispiel »Gottverdammich« und aus »Verflucht« eben »Verflixt«. Aber wie kommt nun das »zugenäht« in der Redensart? Das stammt aus einem alten Studentenlied. Dort heißt es: »Da hab ich meinen Hosenlatz verflucht und zugenäht.«

2. KAPITEL

Mach mal die La-Ola-Welle!

Für unsere Fußball-Nationalmannschaft

mdr
1 RADIO SACHSEN-ANHALT
Wer wird
Schlaumeier?

Woher kommt die La-Ola-Welle?

HÖRERSPASS AM TELEFON

Nirgendwoher. Eigentlich ist es nämlich die Oh-là-là-Welle!

La Ola ist spanisch und heißt Welle. So viel ist sicher. Wer sie erfunden hat, darüber streiten sich Fans aus den USA, Mexiko und Kolumbien. Am lautesten reklamiert der amerikanische Cheerleader Krazy George Henderson die Stadionwelle für sich. Am 15. Oktober 1981 ließ er sie zum ersten Mal beim Baseball laufen. Die Weltöffentlichkeit erblickte die La Ola erstmals 1984 beim olympischen Fußballturnier in Los Angeles.
Der Dresdner Verkehrsforscher Dirk Helbig fand heraus: 35 Menschen braucht man, um La Ola zu starten. Dann bewegt sie sich mit einer Geschwindigkeit von zwölf Metern pro Sekunde. Und das wiederum entspricht einer Distanz von 20 Sitzplätzen. Das Erstaunliche dabei: Wir verhalten uns wie chemische Teilchen Denn man könnte sitzenbleiben, aber man tut es nicht.

Wieso stecken manche eine Schlappe ein?

HÖRERSPASS AM TELEFON

Die andere Schlappe war nicht im Schuhschrank!

Die »Schlappe« stecken wir seit dem späten Mittelalter ein. Im Frühneuhochdeutschen bedeutete »Schlappe« so viel wie Ohrfeige oder Klaps. Wie kam es überhaupt zu dem Wort? Wenn jemand eine Ohrfeige bekommt, macht das ein Geräusch, und das klingt eben wie »Schlapp«. Da sich eine Niederlage wie eine Ohrfeige anfühlt, müssen wir also »eine Schlappe einstecken«.

Warum haben Fußballer oft O-Beine?

HÖRERSPASS AM TELEFON

Weil nicht alle im Tor stehen können!

Früh übt sich, was ein großer Fußballstar werden will. Das ist auch schon der Hauptgrund dafür, dass jeder vierte erwachsene Fußballer verbogene Beine hat. Bis zum 18. Geburtstag kann es nämlich immer schlimmer werden. Besonders beim Passen und Schießen werden die Muskeln an den Beinen unterschiedlich stark beansprucht. Die Muskeln an den Innenseiten, die sogenannten Adduktoren oder Anspreizer, werden stärker trainiert als die Abduktoren oder Abspreizer an den Außenseiten. Resultat: Weil die Abspreizer nicht genügend dagegenhalten, ziehen die Anspreizer die Beine in O-Form. Und das so lang wie der Körper wächst. Was allerdings beim »Normalomann« oft belächelt wird, kann bei Fußballern durchaus sexy sein. Am besten mal bei Paul Breitner, Thomas Häßler, Achim Streich, Pierre Littbarski, Marko Marin, Roberto Carlos oder Andreas Brehme nachfragen.

Kann man von Kopfbällen dumm werden?

HÖRERSPASS AM TELEFON

Nur wenn schon vorher nicht viel drin war!

So ganz einig ist man sich darüber nicht. Auf jeden Fall aber gilt: Wer mit Köpfchen köpft, macht das Risiko klein. Das heißt: Bewusst vorgenommene und technisch einwandfreie Kopfbälle sind relativ ungefährlich. Wer allerdings häufig mit seinem Kopf den Ball einfach weiterdrischt, der muss damit rechnen, dass er später schnell vergisst. Die Merkfähigkeit kann nämlich darunter leiden. Ein Wunder wäre es nicht, wirken beim Kopfball doch riesige Kräfte. Mit bis zu 4000 Newton treffen die Bälle auf den Kopf. Das entspricht einem Gewicht von 400 Kilogramm. Zum Vergleich: Die Schlagkraft der Klitschkos beträgt 3000 Newton. Und was sagt Horst Hrubesch, das legendäre deutsche Kopfballungeheuer, dazu? »Mag sein, dass die eine oder andere Gehirnzelle abstirbt, das fällt nicht ins Gewicht, sonst müssten alle Boxer bekloppt sein.«

Wer zieht die »Arschkarte«?

HÖRERSPASS AM TELEFON

Das entscheidet der Trainer!

Ob die Arschkarte tatsächlich aus der Welt des Fußballs kommt, ist nicht ganz sicher geklärt. Dennoch, am weitesten verbreitet ist die Annahme, dass die »Arschkarte« von der »Roten Karte« beim Fußball abgeleitet wurde. Angeblich sollen die Schiedsrichter die gelben Karten immer in der Brusttasche und die roten Karten in der Gesäßtasche aufbewahrt haben. Das soll sinnvoll gewesen sein, um die Karten nicht zu verwechseln, für den Schiri und auch für die Fernsehzuschauer, vor allem zu Zeiten des Schwarz-Weiß-Fernsehens. Gegen diese Erklärung sprechen mindestens drei Gründe. Erstens: Die rote Karte gibt es erst seit der WM 1970, die Redewendung, »die Arschkarte ziehen« dagegen schon länger. Zweitens: Für Schiedsrichter gab und gibt es keine offizielle Regelung, wo sie ihre Karten aufzubewahren haben, und drittens: Nicht alle Schiedsrichterhosen haben Taschen.

Hängen Siege vom Stand der neun Planeten ab?

Vor dem Sommer 2006 vielleicht, seit dem Sommer 2006 auf keinen Fall. Aber warum? Im Astronomieunterricht haben wir die Planeten immer wieder durchgezählt und uns vor allem die Anfangsbuchstaben mit folgendem Spruch gemerkt: »Mein Vater erklärt mit jeden Sonntag unsere neun Planeten«, und das sind dann: Merkur, Venus,

Erde, Mars, Jupiter, Saturn, Uranus, Neptun und Pluto, das macht eindeutig neun. Doch das stimmte eben nur bis zum Sommer 2006. Damals gab es zwischen Wissenschaftlern heftige Diskussionen, die in einer Kampfabstimmung in der Internationalen Astronomischen Union gipfelte. Das Ergebnis: Pluto wurde der Planetenstatus aberkannt. Pluto sei zu klein, zu weit von der Sonne entfernt und die Form seiner Umlaufbahn um die Sonne weiche zu sehr von der der anderen Planeten ab. Da Pluto erst im Jahr 1930 entdeckt wurde, hatte er also nur ein kurzes Planetenleben, nämlich 76 Jahre. Damit können sportliche Siege auf keinen Fall vom Stand der neun Planeten abhängen – aber vielleicht vom Stand der acht Planeten.

Warum durfte man bei der Fußballweltmeisterschaft 2010 in Südafrika keinem Affen Zucker geben?

HÖRERSPASS AM TELEFON

Weil die Affen schon adipös waren!

Schuld daran sind Bärenpaviane oder Tschakmas, wie sie noch genannt werden. Vor allem in Kapstadt sind sie völlig unbeeindruckt von menschlicher Anwesenheit und leben nach dem Motto: Lieber ein halbes Toastbrot klauen, als den ganzen Tag auf Nahrungssuche gehen. Zwar greifen die Tschakmas Menschen von sich aus nicht an, aber wer als Tourist seine Nahrungsvorräte nicht freiwillig rausrückt, der muss mit Drohgebärden rechnen. Damit die Fußballfans von den Primaten nicht belästigt wurden, kamen spezielle Aufsichtstrupps zum Einsatz. Gleichberechtigung ausgeschlossen. Denn: Frauen machen auf Bärenpaviane überhaupt keinen Eindruck. Nur wenn Männer schreien, pfeifen und mit Peitschen knallen, trollen sich die Tschakmas. Bis zum nächsten Futterfassen.

Warum flattern Fußbälle?

HÖRERSPASS AM TELEFON

Weil sie ganz aufgeregt werden, wenn Mario Gomez sie tritt!

Jedes Kind weiß: Der Ball muss rollen, deshalb ist er rund. Zum Problem kann das allerdings werden, wenn der Ball nicht nur rollen, sondern auch fliegen soll. Dann erweist sich die Kugelform als äußerst tückisch. Dreht sich der Ball nämlich beim Schuss wenig oder gar nicht, beginnt er zu flattern. Hinter dem Ball entstehen dabei asymmetrische Luftverwirbelungen, durch die das runde Leder seitlich abgelenkt wird. Wird der Ball beim Schuss angeschnitten, stabilisiert die Rotation den Ball. Bananenflanken flattern also nicht. Übrigens: Standardfußbälle flattern wenig, weil die Nähte Stabilität geben. Jabulani, der Weltmeisterschaftsball von 2010, bestand aber nur noch aus acht Plastikverkleidungen, den Panels. Und die machten ihn, wie manche sagen, flatterhaft wie eine junge Geliebte.

Kann Torjubel für die Spieler gefährlich sein?

HÖRERSPASS AM TELEFON

Nur im weiblichen Fanblock!

Richtig gefährlich vielleicht nicht, aber schmerzhaft auf jeden Fall. Türkische Wissenschaftler fanden heraus, dass im Durchschnitt sechs Prozent aller Fußballverletzungen bei übermotiviertem Fußballjubel entstehen. Ganz vorn stehen Knieverletzungen, Frakturen, Prellungen und Quetschungen. So brach sich der Nigerianer Babayaro beim Freudensalto das Bein und der Türke Demirel zerrte sich den Arm, als er sein Trikot in die Menge warf. Schlimmer traf es den Schweizer Diogo. Als er vor Freude am Absperrgitter hochsprang, blieb er mit seinem Ehering hängen und riss sich den Finger ab. Übrigens: Wissenschaftler haben festgestellt, dass beim erfolgreichen Torschuss das Glückshormon Dopamin freigesetzt wird – genau wie beim Orgasmus.

Kann die Farbe der Trikots Einfluss auf die Entscheidung der Schiedsrichter haben?

HÖRERSPASS AM TELEFON

Ja. Aber nur durch die rosarote Brille!

Farbforscher beantworten diese Frage mit einem eindeutigen »Jawohl«. Und das ist nicht gut für die deutsche Mannschaft. Wenn sie im schwarzen Auswärtstrikot aufläuft. Denn bei Schwarz sehen Schiedsrichter laut Statistik rot. Die Forscher glauben, dass dies mit

unserer Stammesgeschichte zu tun hat. Schwarz symbolisierte schon früh Dunkelheit, Schmutz und Gefühllosigkeit. Und auf so einen groben Klotz setzt auch der Schiedsrichter instinktiv gern mal einen groben Keil. Schwarz auf Weiß dagegen, und das ist die gute Nachricht, steht für Respekt.

Den besten Riecher für die Trikotfarbe haben allerdings die Bayern. Im Unterbewusstsein steht Rot wie im Tierreich so auch bei den Menschen für Dominanz. Und deshalb, sagen die Farbforscher, lassen die Schiedsrichter unbewusst öfter mal was durchgehen.

Wieso gehören elf Spieler zu einer Fußballmannschaft?

HÖRERSPASS AM TELEFON

Weil ein »Elferrat« besser ist als »Dutzendware«!

Diese Frage lösen wir im Schlaf. 1848 verfassten nämlich Studenten der Universität Cambridge die ersten Fußballregeln. Danach bestand eine Mannschaft aus 15 bis 20 Spielern. Das war aber wiederum zu viel für die Schlafsäale der Elite-Universitäten Englands. Dort standen jeweils nur elf Betten. Also wurde die Zahl der Spieler einfach angepasst.

Wer trägt meist die Trikotnummer zwölf?

HÖRERSPASS AM TELEFON

Jemand, der vor der 13 Angst hat!

Die Rückennummer zwölf auf den Trikots ist bei vielen Vereinen, zum Beispiel Borussia Dortmund, Werder Bremen und auch beim Halleschen Fußballclub HFC, symbolisch für die Fans reserviert. Diese sind ja bekanntlich der zwölfte Mann auf dem Platz. Übrigens: Zahlen auf den Trikothemden der Fußballer gibt es seit den 30er-Jahren des 20. Jahrhunderts. Aber erst seit der Weltmeisterschaft 1954 in der Schweiz trägt jeder Spieler einer Nationalmanmnschaft während der gesamten Dauer des Wettbewerbs die gleiche Nummer.

Wie schießt man den perfekten Elfmeter?

HÖRERSPASS AM TELEFON

Um die Ecke!

Die Statistiker sind sich einig: Scharf, flach und pfostennah oder scharf, hoch und lattennah muss der perfekte Elfmeter sein. Das heißt: Haben Schüsse einen Abstand von höchstens 41 Zentimetern zum Pfosten oder 73 Zentimeter zur Latte, sind sie zu 97,1 Prozent unhaltbar. Denn: Um solche Schüsse abwehren zu können, müsste der Torwart mit einer Geschwindigkeit von 35 km/h durch die Luft wirbeln. Das wäre schneller als ein Hundertmeterläufer lossprintet – und geht gar nicht. Trotzdem halten manche Keeper so einen Elfmeter. Ihr Geheimrezept: Sie schummeln und verlassen die Torlinie früher als erlaubt – oder sie haben einen Zettel.

Warum können Fußballfelder unterschiedlich groß sein?

HÖRERSPASS AM TELEFON

Fußballer sind doch auch unterschiedlich groß!

Fußball wurde schon immer und überall gespielt, die ältesten Zeugnisse stammen aus dem dritten Jahrtausend vor Christus aus China. Der moderne Fußball entstand in England Mitte des 19. Jahrhunderts. Damals gab es noch keine einheitlichen Vorgaben für die Größe der Fußballfelder. Um Fußball jedoch professionell und auf internationaler Ebene spielen zu können, mussten einheitliche Regeln her. Das war bei der Größe der Felder nicht so leicht, denn nicht überall auf der Welt gibt es freie Flächen für einheitlich große Fußballfelder. Und so legte der englische Fußballverband einen Toleranzbereich fest: Bei den Profis darf ein Spielfeld zwischen 100 und 110 Metern lang und zwischen 64 und 75 Metern breit sein – das gilt bis heute.

Schießt man barfuß schneller als mit Fußballschuhen?

Die Fußballschuhhersteller waren überrascht. Bei ihren Untersuchungen stellte sich tatsächlich heraus, dass man barfuß schneller schießen kann als mit Fußballschuhen. Die Ursache: Nur barfüßig kann man den Fuß ganz durchstrecken und damit sozusagen den Unterschenkel an den Fuß ranhängen. Mit dieser Kopplung erhöht sich aber die effektive Masse, die den Ball beschleunigt, und wir schießen schneller. Allerdings hat das Nacktschießen zwei entscheidende Nachteile. Erstens: Man hat keine Traktion, also keinen Halt auf dem Rasen, und zweitens: Es tut weh.

Waren die Sportler bei den antiken Olympischen Sommerspielen Amateure?

HÖRERSPASS AM TELEFON

Nein. Schon damals stank Geld nicht!

Antike Sportler waren keine Amateure. Neben den obligatorischen Palmenzweigen bekamen die erfolgreichen Athleten erhebliche Zuwendungen, zum Beispiel Steuerfreiheit, lebenslange Renten, Denkmäler und auch Bargeld. Der Athener Staatsmann Solon ließ vor 2500 Jahren jedem Olympiasieger seiner Stadt 500 Drachmen zahlen. Das war immerhin der Zwei-Jahres-Sold eines Soldaten. Also, schon damals galt: Geld regiert die Welt.

Können Lügendetektoren auch Dopingsünder überführen?

Nein, das ist nicht möglich. Der Lügendetektor stellt mithilfe von Sensoren einfach fest, ob der Kandidat bei bestimmten Fragen Stresssymptome zeigt. Schweiß und erhöhter Herzschlag deuten zwar auf eine Lüge und gleichbleibende Ausschläge auf die Wahrheit hin, aber mit dieser Einschätzung kann man auch danebenliegen. Wer sich nämlich lange genug einredet, dass seine Lüge die Wahrheit ist, kann den Lügendetektor austricksen. Andererseits gibt es Menschen, die sich schon bei harmlosen Fragen verzweifelt auf die Zunge beißen und trotz Wahrheit damit in die Lügenfalle geraten. Also, rote Karte für den Lügendetektor!

Warum klingelt es im Kasten?

HÖRERSPASS AM TELEFON

Weil Jogi Löw es so will!

Die Klingelfrage können wir leider nicht eindeutig klären. Trotzdem gibt es vielversprechende Ansätze. Hier der seriöse:

Fußballtore sehen kastenförmig aus und wurden das erste Mal 1891 mit Netzen bespannt. Die waren oft aus Draht. Flog nun der Ball ins Tor, hörte es sich an, als ob der Draht klingele.

Und hier die originelle Erklärung: Bereits im frühen Mittelalter wurde in England Fußball gespielt. Allerdings anders als heute. Jeweils zwei Dörfer versuchten, den Ball ins gegnerische Stadttor zu befördern, selbst wenn diese Kilometer auseinander lagen. Hatte es dann ein Dorf geschafft, wurde die Glocke geläutet. Es klingelte im Kasten.

Schrumpfen Sportler im Laufe des Tages?

HÖRERSPASS AM TELEFON

Nur wenn sie die High Heels ausziehen!

Das stimmt. Aber nicht nur Sportler werden im Laufe des Tages kleiner, sondern auch wir ganz normale Menschen. Ursache dafür sind die knorpeligen Bandscheiben. Die dämpfen die Stöße zwischen den Wirbeln der Wirbelsäule ab, dabei wird die Flüssigkeit aus dem Knorpel gepresst. Wir beginnen zu schrumpfen. Mancher nur um wenige Millimeter, einige aber auch bis zu drei Zentimeter. Aber keine Bange. In der Nacht wird alles wieder gut, denn da regenerieren sich die Stoßdämpfer und saugen wieder Wasser auf.

Warum wünschen wir unseren Sportlern toi, toi, toi?

HÖRERSPASS AM TELEFON

Weil oi,oi,oi wie Schweinegrunzen klingt!

Unsere Vorfahren im Mittelalter hatten ständig Angst vor bösen Geistern. So glaubten sie auch, dass ein Lob sich sofort ins Gegenteil verkehre, wenn die bösen

Geister davon Wind bekämen. Die waren nämlich ausgesprochene Neidhammel. Also musste ein Schutz vor den Kobolden her. Dreimal auf Holz klopfen und dreimal Ausspucken war das Beste. Speichel galt nämlich als unheilbannend, später allerdings auch als unfein. Also ahmte man das Spuckgeräusch nur noch nach, und das hat sich bis heute gehalten: Toi, toi, toi.

Wieso reißt den Trainern manchmal der Geduldsfaden?

HÖRERSPASS AM TELEFON

Sie spinnen zu viel!

Der Geduldsfaden reißt uns seit dem Mittelalter. Beim Verspinnen werden lose Fasern durch Verdrehen und Auseinanderziehen zu einem Faden verarbeitet. Wer an diese Aufgabe mit Hast und Eile heranging, hatte früher oder später das Nachsehen. Zunächst wuchs das Garn zwar schnell, aber weil die Festigkeit nicht stimmte, riss der Faden bald. Wer dagegen Behutsamkeit und Ausdauer an den Tag legte, der wurde für seine Geduld mit einem langen, festen Faden belohnt oder heute mit einem guten Platz in der Bundesliga. Und so wird die Länge des Geduldsfadens zum Maßstab für erfolgreiches Spinnen oder Trainieren.

Warum sitzen manche Funktionäre im Elfenbeinturm?

HÖRERSPASS AM TELEFON

Rapunzel lässt ihr Haar nicht mehr runter!

Die Gelehrten im Elfenbeinturm streiten selbst noch darüber, woher diese Redensart kommt. Sicher ist, dass der elfenbeinerne Turm bereits im biblischen Hohen Lied Erwähnung findet. Und Luther schreibt: »Dein Hals ist wie ein Elfenbeinen Thurm.« Damit entpuppt sich der Elfenbeinturm als Ort edler Reinheit. Dorthin sollen sich nun auch Ende des 12. Jahrhunderts die Anhänger der hohen Minne zurückgezogen haben. Für diese Gelehrten der reinen Liebe spielte sich die Beziehung zwischen Mann und Frau nur auf geistiger Ebene ab. Weil dies aber fernab vom prallen Alltagsleben geschieht, schicken wir noch heute gern weltfremde Menschen und damit auch Funktionäre in den Elfenbeinturm.

Trugen Fußballerinnen früher Röckchen beim Fußballspiel?

HÖRERSPASS AM TELEFON

Aber nur mit Baumwollunterhosen!

Das stimmt tatsächlich. Und passierte, wen wundert's, in England. 1895 traten zum ersten Mal zwei Frauen-Fußballmannschaften gegeneinander an – mit Hütchen auf dem Kopf und Röckchen über Knickebockern. Trikottausch auf dem Platz ausgeschlossen. Und zumindest daran hat sich bis heute nicht viel geändert. Übrigens: Unter Trikot und Hose tragen unsere Fußballerinnen bei schönem Wetter meist nur Sportslip und einen atmungsaktiven BH. Außer Torhüterinnen: Die brauchen ein zweites Shirt unter dem Trikot.

Gibt es für Fußballerinnen eigene Fußballregeln?

HÖRERSPASS AM TELEFON

Nur in der Kabine!

Früher schon. 1970 hob der DFB zwar nach 15 Jahren das Frauenfußballverbot prinzipiell auf, aber es gab einige Auflagen. Da die Herren nach wie vor das Durchhaltevermögen der Damen anzweifelten, verlangten sie eine halbjährige Winterpause. Stollenschuhe durften nicht getragen werden, die Bälle waren kleiner und leichter und das Spiel dauerte nur 70 Minuten. Heute ist das alles kein Thema mehr. Allerdings wird vor Turnierspielen die Länge der Fingernägel kontrolliert. Wer Krallen hat, muss kürzen.

Unterscheiden sich die Panini-Sammelbildchen bei Fußballern und Fußballerinnen?

HÖRERSPASS AM TELEFON

Die Frauen sind schöner!

Das stimmt. Seit der Weltmeisterschaft 1970 sorgen die legendären Sammelbildchen bei den Fans für glänzende Augen. Bei einer Fußballweltmeisterschaft der Frauen gab es die Kultobjekte zum ersten Mal 2011. 336 Klebebildchen machen das Sammelalbum komplett. Auf den ersten Blick ist dabei alles wie bei den Männern: Geburtsdatum, Geburtsort, Größe und Verein sind aufgeführt. Auf den zweiten Blick fehlt eine Kleinigkeit: das Gewicht. Der Verlag hielt es für charmanter, dies wegzulassen.

3. KAPITEL

Sei kein Frosch!

Das kleine Schlaumeierbuch
Das kleine Schlaumeierbuch

Wieso möchten wir kein Frosch sein?

HÖRERSPASS AM TELEFON

Weil wir uns nicht von jedem knutschen lassen wollen!

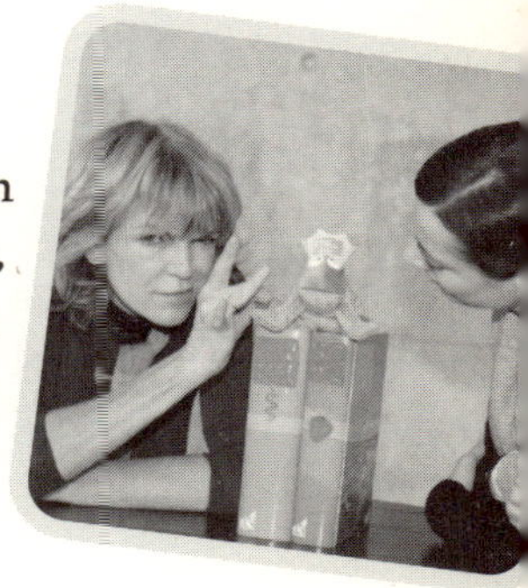

Frösche sind sehr schreckhafte Fluchttiere, die größten Angsthasen! Bei der geringsten Bewegung in ihrer Nähe, wenn sie also Gefahr wittern, machen sie sich aus dem Staub, springen ins Wasser und halten sich dort lange versteckt. Wenn wir also kein Frosch sind, verstecken wir uns nicht gleich vor jeder Herausforderung.

Wann haben wir einen Frosch im Hals?

HÖRERSPASS AM TELEFON

Wenn die Politiker zu viel herumquaken!

Für den Frosch im Hals ist ein kleines Wortspiel verantwortlich. Wenn unsere Stimme belegt ist, fühlt sich das wie ein Geschwulst an. Für ein Geschwulst im Hals oder unter der Zunge haben die Mediziner den Fachbegriff »ranula«. Und nun kommen wir zu dem Frosch. Der Frosch heißt im Lateinischen »rana«. Und da rana so ähnlich klingt wie ranula, sind besonders witzige Zeitgenossen auf die Idee gekommen, uns in einen trockenen Hals einen Frosch zu setzen.

Warum ist die Klappe zu, wenn der Affe tot ist?

HÖRERSPASS AM TELEFON

Wenn der Affe lebt, macht er die Klappe auf!

Wahrscheinlich stammt die Redewendung »Klappe zu, Affe tot« aus der Welt des Zirkus: Affen waren früher die Publikumsattraktion. Um die Menschen in den Zirkus zu locken, saßen oft dressierte Äffchen in den Kassenhäuschen und rissen die Eintrittskarten ab. Starb der Zirkusaffe, blieb auch die Klappe des Kassenhäuschens zu. Wenn also eine Klappe zublieb, sagten die Menschen: »Klappe zu, Affe tot.«

Wieso laust uns der Affe?

HÖRERSPASS AM TELEFON

Weil wir selbst nicht überall rankommen!

Im Mittelalter zogen viele Gaukler durchs Land. Neben artistischen Kunststückchen zeigten sie gern auch Tierdressuren. Affen waren immer dabei und sorgten für überraschende Lacher indem sie von der Schulter des Gauklers ins Publikum sprangen. Ruck, zuck ging die Suche los nach Essbarem, und zwar meist in den Haaren des verblüfften Zuschauers. Obwohl der Affe nun eigentlich Ausschau nach den salzhaltigen Schuppen in der Haarpracht hielt, glaubte jeder, Flöhe standen auf dem Speiseplan. Der Ausruf folgte prompt: »Oh Mann, mich laust der Affe.«

Warum halten wir Maulaffen feil?

Für den Maulaffen müssen wir zurück ins 13. Jahrhundert. Damit man damals nachts nicht ganz im Dunkeln stand, mussten rußende Kienspäne herhalten. Um beide Hände frei zu haben, klemmte man die sich einfach zwischen die Zähne. Das war aber auf Dauer zu mühselig und ein Hilfsmittel musste her: Unsere Vorfahren formten deshalb Tonhalterungen, die aussahen wie Menschenköpfe, und steckten die Holzspäne in den geöffneten Mund der Tonschädel. Und manch einer sagte dann: »Schau, wie der mit dem Maul gafft.« Verballhornt wurde daraus der Maulaffe.

Warum tragen Pinguine schwarz und weiß?

HÖRERSPASS AM TELEFON

Macht schlank!

Pinguine sind schwarz-weiß, damit sie von Feinden und Beutetieren nicht erkannt werden. Beim Schwimmen ist der schwarze Rücken gegen den dunklen Meeresgrund schlecht zu erkennen. So können sie unerkannt zum Beispiel vor Seehunden fliehen. Der weiße Bauch hingegen ist von unten vor dem Hintergrund des hellen Himmels schlecht zu sehen, so werden sie zum Beispiel von Haien nicht gleich erkannt. Außerdem sind die Farben bestens geeignet, um die Körpertemperatur zu regulieren. Ist den Pinguinen kalt, drehen sie den schwarzen Rücken der Sonne zu, um die Wärme zu absorbieren, ist ihnen zu warm, drehen sie einfach den weißen Bauch zur Sonne, so wird das Licht reflektiert.

Wie brüten Pinguine ihre Eier aus?

Das Eierausbrüten ist bei den Pinguinen raffiniert ausgeklügelte Teamarbeit. Mit dem Brüten beginnen die Kaiserpinguine mitten im antarktischen Winter, also wenn es besonders kalt ist. Bei Temperaturen bis minus 40 Grad muss das Ei besonders gut geschützt und gewärmt werden. Diese verantwortungsvolle Aufgabe übernimmt das Männchen. Es trägt das weiße fast ein halbes Kilogramm schwere Ei auf seinen Füßen umher, immer schön kuschelig zugedeckt durch die wärmende Bauchfalte, und das 64 Tage lang. In dieser Zeit kümmert sich das Weibchen um die Nahrung. Es kehrt zum Meer zurück und frisst sich satt. Nachdem das Junge geschlüpft ist, kehrt die Pinguinmama zurück und füttert ihr graues flauschiges Küken mit halbverdautem Fisch, damit es schnell ein richtiger Kaiserpinguin wird.

Warum heißen Seehunde auch Heuler?

HÖRERSPASS AM TELEFON
Es ist zum Heulen, dass manche immer noch auf sie Jagd machen!

Seehunde kommen auf Sandbänken zur Welt. Sie können zwar sofort schwimmen, aber noch nicht selbst Fische fangen. Da die kleinen Babys sehr verfressen sind, müssen sie alle drei Stunden von ihrer Mutter gesäugt werden. Wenn die Mutter allerdings auf Nahrungssuche ist, lässt sie ihr Baby oft Stunden allein. Dann fängt es an, laute heulende Rufe auszustoßen. Das tut es nicht, weil es traurig ist, sondern damit die Mutter es wiederfindet. Da aber die Rufe so traurig klingen, haben Wattwanderer den Kleinen den Namen »Heuler« gegeben. Das ist allerdings in der Fachsprache nicht korrekt, denn als »Heuler« bezeichnen Experten nur die Tiere, die tatsächlich ihre Mutter verloren haben.

Wohin reitet der Amtsschimmel?

HÖRERSPASS AM TELEFON

Zum Finanzamt!

Woher der Amtsschimmel kommt, ist nicht sicher geklärt. Sicher ist aber, dass er nichts mit einem weißen Pferd oder verschimmelnden Akten zu tun hat. Wahrscheinlich stammt der Ausdruck aus Österreich. Im 19. Jahrhundert hießen dort amtliche Formulare »Simile«, abgeleitet von dem lateinischen Wort »similis«, was wiederum soviel

wie »ähnlich« bedeutet. Den Namen »Simile« fanden die Österreicher passend, weil mit diesen Musterformularen wiederkehrende Angelegenheiten immer nach dem gleichen Muster schematisch erledigt wurden. Die Beamten wurden scherzhaft »Simile-Reiter« genannt und aus dem »Simile« wurde dann im Laufe der Zeit der »Schimmel«.

Warum bauen wir eine Eselsbrücke?

HÖRERSPASS AM TELEFON

Damit auch der dümmste Hund weiß, wo es langgeht!

Der Esel ist nicht nur ein graues Tier mit vier Buchstaben, sondern auch als störrisch bekannt. Das wussten natürlich schon unsere Vorfahren im Mittelalter. Trotzdem wurde der Esel gern beladen, denn als Lastentier war er unschlagbar. Nur an Gewässern gab es regelmäßig Probleme. Esel sind nämlich sehr vorsichtig und gar nicht dumm. Durch die spiegelnde Wasseroberfläche können sie nicht erkennen, wie tief das Gewässer ist oder auf welchen Untergrund sie treten. Also gehen sie nicht rein. Deshalb baute man früher tatsächlich kleine Brücken für die Esel, um so doch noch an sein Ziel zu kommen.

Warum haben wir Hummeln im Hintern?

HÖRERSPASS AM TELEFON

Bienen und Wespen können uns nicht riechen!

Schon der große Reformator Martin Luther hat die Redewendung »Hummeln im Hintern haben« verwendet. In seiner *Sprichwörtersammlung* steht »er hat hummeln ym arse«. Demnach war die Wendung schon im 16. Jahrhundert verbreitet. Sie bezieht sich tatsächlich auf die Tiere, denn Hummeln sind ständig auf der Suche nach Nektar, sie ruhen fast nie und fliegen sogar bei schlechtem Wetter Blüten an. Wenn also jemand einfach nicht stillsitzen kann und sich ständig unruhig hin und her bewegt, wird ihm nachgesagt, dass er Hummeln im Hintern hat.

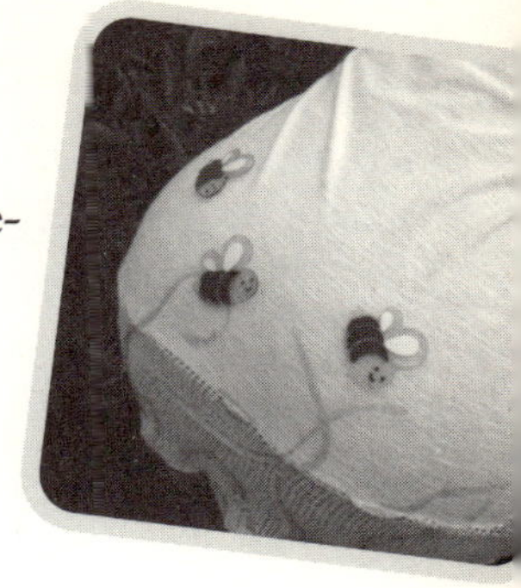

Sind Hasen und Kaninchen miteinander verwandt?

HÖRERSPASS AM TELEFON

Nur zum Osterfest!

Hasen und Kaninchen sind so wenig miteinander verwandt, dass sie sich nicht mal miteinander kreuzen lassen. Zwar gehören beide zur Familie der Hasen, aber die Gattungen und Arten unterscheiden sich erheblich. In Europa leben nur noch zwei Hasenarten, Feldhasen und Schneehasen. Einen echten Hasen zu erkennen, ist nicht schwer. Er ist viel größer als ein Kaninchen. Hasen wiegen bis zu fünf Kilogramm, Wildkaninchen schaffen es gerade mal auf zwei Kilogramm. Außerdem haben Hasen viel längere Ohren, sie sind länger als ihre Köpfe. Neugeborene Häschen kommen schon fix und fertig mit Fell und offenen Augen zur Welt. Im Gegensatz dazu werden Kaninchen

nackt, blind und taub als Nesthocker geboren. Und der wichtigste Unterschied: Hasen werden nicht als Haustiere gehalten.

Warum weinen wir manchmal Krokodilstränen?

HÖRERSPASS AM TELEFON

Damit wir uns danach die fettesten Happen schnappen können!

Die Redewendung »Krokodilstränen weinen« wird tatsächlich von den Reptilien abgeleitet. Wenn Krokodile ihre Opfer verschlingen, vergießen sie nämlich dicke Tränen. Darüber haben sich schon die Gelehrten in der Antike Gedanken gemacht: Plinius der Ältere zum Beispiel war der Ansicht, dass Krokodile ihren Beutetieren nachweinen, also Trauer heucheln. Das sehen die Wissenschaftler heute natürlich anders. Die meisten erklären das Tränenphänomen mit einem biologischen Vorgang. Wenn ein Krokodil ein großes Opfer verschlingt, muss es das Maul sehr weit öffnen. Dadurch wird auf die Tränendrüsen Druck ausgeübt und es rollen dicke Krokodilstränen.

Gibt es tierische Links- und Rechtsfüßer?

Selbstverständlich gibt es im Tierreich Links- und Rechtsfüßer. Viele Papageienarten lieben es zum Beispiel »links«. Sie nehmen sich ihr Futter mit links und auch beim Herumklettern muss der linke Fuß mehr ran. Elefanten dagegen sind zwar keine ausgeprägten Links- oder Rechtsfüßer, dafür aber Links- oder Rechtsrüssler. Das heißt, wenn Essenszeit ist, greifen die Dickhäuter mit links oder rechts eingedrehtem Rüssel zum Futter. Tauben und Hühner wiederum sind ausgesprochen »rechtsäugig«, und vor der australischen Küste leben Krähen, die sind »Rechtspicker«. Forscher schilderten in der Fachzeitschrift *Nature*, dass die Vögel Blätter rechts an den Kopf halten und dann so durchknabbern. Wie ist nun aber die Vorliebe für eine Seite im Tierreich verteilt? Ausgewogen. Betrachten wir zum Beispiel Hunde, Katzen oder Pferde insgesamt als Art, dann halten sich hier die Fans von »links« und »rechts« die Waage. Wir als Menschen sind also mit unserem Drang zur rechten Seite im Tierreich was Besonderes.

Sind Kühe an den schwarzen Flecken wärmer als an den weißen?

HÖRERSPASS AM TELEFON

Das kommt darauf an, ob die Sonne scheint!

Machen wir einen Versuch dazu und nennen unsere Kuh Berta. Berta stellt sich erst kurz in die Sonne und danach der Wärmekamera zur Verfügung. Die zeigt sofort deutlich: Ja, es stimmt. Die schwarzen Flecken erscheinen rot, die weißen Flecken blau. Wir messen einen Temperaturunterschied von immerhin sechs Grad Celsius. 44 Grad für die schwarzen Flecken, 38 Grad für die weißen. Warum ist das nun so? Ganz einfach: Die schwarzen Flecken saugen mehr Licht auf als die weißen. Und weil das Licht in Wärme umgewandelt wird, haben die schwarzen Flecken eine höhere Temperatur. Aber merkt Berta das überhaupt? Das hat sie uns leider nicht gesagt.

Warum soll uns niemand ins Gehege kommen

HÖRERSPASS AM TELEFON

Weil das Leben kein Ponyhof ist!

Im Gehege ist ganz schön was im Busch. Und das ist durchaus wörtlich zu nehmen. Als altdeutscher Ausdruck steckt nämlich im Gehege das Wort »hag« und das bedeutet Busch. Allerdings geht es hier nicht um irgendein 08/15-Gestrüpp, sondern der Hag befriedete und beschützte das Grundstück, auf dem unsere Vorfahren im Mittelalter wohnten. Dieser Besitz wurde deshalb auch Gehage oder Gehege genannt. Kommt uns nun jemand ins Gehege, dann ist der schützende Busch durchlässig geworden. Und das beHAGT uns gar nicht.

Warum ist manchmal der Wurm drin?

HÖRERSPASS AM TELEFON

Fragen Sie mal Jürgen von der Lippe!

Der sprichwörtliche Wurm hat nichts mit Band-, Glüh-, Regen- oder sonstigem tierischem Wurm zu tun. Gemeint ist vielmehr der Docht in den ersten Öl- und Petroleumlampen. Der war aus geflochtenen Woll- oder Hanffäden gefertigt und sah einem Wurm sehr ähnlich. Im 19. Jahrhundert wurde dieser Runddocht zwar durch den Flach- und Röhrendocht abgelöst, aber der Spitzname Wurm blieb. Und jetzt entstand auch unsere Redensart. Beim Röhrendocht nämlich konnte man die Helligkeit mit einem kleinen Rädchen leicht verändern. Drehte man es allerdings in die verkehrte Richtung, ging das Licht aus. Was war geschehen? Der Docht oder Wurm war aus seiner Befestigung gerutscht und verschwand im Röhrchen. Und seitdem sagen wir, wenn etwas nicht stimmt: Da ist der Wurm drin.

Wer zieht wem die Hammelbeine lang?

HÖRERSPASS AM TELEFON

Die Braut dem Bräutigam nach der durchzechten Hochzeitsnacht!
Der Trainer den Fußballspielern nach dem verlorenen Spiel!
Und die Wähler der Regierung nach gebrochenen Versprechen!

Halten wir erst einmal fest: Ein Hammel ist ein männliches kastriertes Hausschaf oder ein weibliches, das noch nicht gelammt hat. Beide Vertreter haben ihre eigene sprichwörtliche Ursprungsgeschichte. Erstens: Männliche Hammel, die nicht älter als zwei Jahre waren, galten unseren mittelalterlichen Vorfahren als Delikatesse. Damit sie ordentlich gehäutet werden konnten, wurden ihnen vom Metzger die Beine langgezogen. Zweitens gilt bei den Schafen: Wo der Leithammel hingeht, da folgt die Herde. Vor allem junge, unerfahrene weibliche Schafe bekamen das aber oft nicht so richtig in die Reihe. Also half der Schäfer nach. Mit einer hakenartigen Schippe griff er an die Beine und zeigte damit den Hammeln, wo es langgeht.

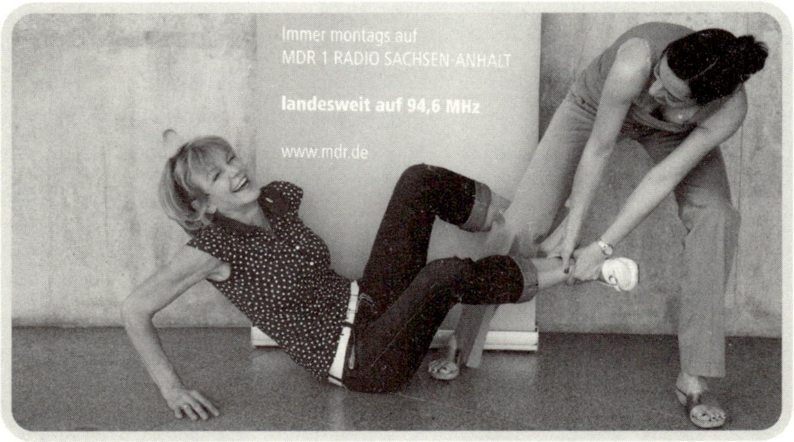

Warum passen wir auf wie ein Schießhund?

HÖRERSPASS AM TELEFON

Weil Schießkühe zu träge sind!

Schießhunde brechen nichts übers Knie. Sie warten bis der Jäger geschossen hat. Der Begriff kommt also aus der Jägersprache. Namensgeber waren speziell abgerichtete Hunde, die das erlegte Wild aufspürten und zurückbrachten. Dabei war höchste Aufmerksamkeit gefragt, denn der Vierbeiner durfte erst dann seine Arbeit beginnen, wenn der letzte Schuss gefallen war. Populär wurde die Redensart im 18. Jahrhundert an den Universitäten. Wer als Student in den Vorlesungen seinem Professor an den Lippen hing, dem spöttelten seine Kommilitonen hinterher: »Der ist als aufmerksam als ein Schießhund bei der Jagd.«

Wo liegt der Hund begraben?

HÖRERSPASS AM TELEFON

Auf dem Friedhof der Kuscheltiere!

Genau darin liegt der Hund begraben, dass man nicht eindeutig weiß, woher diese Redensart kommt. Eine Erklärung führt ins Totenreich. Zerberus, der schwarze Hund, bewachte den Eingang dazu. Wer seine verstorbenen Angehörigen noch einmal sehen wollte, der musste an Zerberus vorbei. Das schaffte aber außer Orpheus und Herakles niemand. Und genau da lag der Hund begraben, sagen die einen. Die anderen führen den Ursprung der Redensart auf einen treuen Hund zurück, der so lange auf dem Grab seines Herrn saß, bis er selber verendete.

Woher kommt der dicke Hund?

HÖRERSPASS AM TELEFON

Von McDognald's!

Unser bester vierbeiniger Freund war im Mittelalter meist eine verachtete niedere Kreatur. Man duldete Hunde zwar, aber liebte sie nur selten. Deshalb waren die meisten nur Haut und Knochen und viele verhungerten elend. Allerdings nicht der Begleithund eines Minnesängers im 12. Jahrhundert. Man erzählt sich, dass der Vierbeiner seinem Herrn das Leben rettete. Zur Belohnung durfte er sich täglich an der Tafel seines Herrn sattfressen. Für die Umgebung aber war ein wohlgenährter Hund so ungewöhnlich, dass alle verblüfft ausriefen: »Ach, du dicker Hund!« Und so ist es bei Überraschungen bis heute geblieben.

Mögen Marder Gummi?

HÖRERSPASS AM TELEFON

Kommt darauf an, bei welcher Gelegenheit!

Normalerweise nicht. Wenn Gummi allerdings nach einem anderen Marder riecht, dann schon. Die Sache ist nämlich so: Marder sind Revierverteidiger. Wenn Sie also in ihrem Auto zum ersten mal Besuch von einem Marder haben, passiert eigentlich gar nichts. Der erste Gast setzt seine Markierung und das war's. Parken Sie dann allerdings im Revier eines anderen Marders, nimmt das Verhängnis seinen Lauf. Der zweite Gast riecht nämlich seinen Vorgänger und reagiert sich ab. Und am Gummi macht das eben am meisten Spaß. Kleiner Tipp zum Schluss: Den angebissenen Gummischlauch längs aufschlitzen und über den neuen ziehen. Am doppelten Schlauch beißt sich der Marder garantiert die Zähne aus.

Warum werden die Zähne von Nagetieren nicht stumpf?

Die kurze Antwort darauf lautet: Weil Nagetiere ständig nagen. Die lange Antwort geht so: Schneidezähne von Nagetieren bestehen aus zwei verschiedenen Materialien, weichem Dentin und hartem Zahnschmelz. Beim Nagen nutzt sich nun das weiche Dentin schneller ab als der harte Zahnschmelz. Damit entsteht an der Schnittstelle immer wieder eine feste, messerscharfe Kante. Übrigens: Prothesen brauchen Nagetiere nicht. Ihre Zähne wachsen das ganze Leben lang nach.

Wieso legen manche Hühner weiße, andere dagegen braune Eier?

Die Farbe der Eier hängt einzig und allein von der Rasse des Huhns ab. Wer also weiße Eier mag, der ist mit der Weißen Leghornhenne gut beraten. Wer auf braune Frühstückseier steht, der hält sich lieber das Rhode Island Red. Kleiner Extratipp: Wer auf Nummer sicher ge-

hen möchte, der schaut sich einfach mal die Ohrläppchen bzw. Ohrschalen seines Huhns an. Sind sie weiß, legt die Hühnerdame weiße Eier, sind sie rot, legt sie braune Eier. Übrigens: Die Farbe der Eidotter ist nicht genetisch bestimmt. Hier macht tatsächlich die Ernährung den Unterschied. Mais und Klee bringen zum Beispiel kräftig-gelbe, Gerste oder Weizen dagegen hellere Eidotter.

Können Hühner lachen?

HÖRERSPASS AM TELEFON

Aber nur bis der Hahn kommt!

Die Frage ist, ob Tiere überhaupt lachen können – ja, Affen zum Beispiel. Schimpansen reißen ihr Maul weit auf, zeigen ihre Zähne und fangen an, stoßweise zu atmen. Das tun sie, wenn sie beispielsweise durchgekitzelt werden. Schon ganz kleinen Äffchen können lachen. Meist lächeln sie ältere Artgenossen an. Das werten Experten als soziales Verhalten, denn die Botschaft ist: »Ich bin harmlos und tue dir nichts.«

Deshalb ist das Lächeln oder Lachen als angeboren zu werten, genau wie bei uns Menschen. Dass Menschenaffen auch lachen können, verwundert uns nicht. Seit Neuestem sind sich Wissenschaftler aber auch darüber einig, dass selbst Tiere lachen können, die nicht so eng mit dem Menschen verwandt sind: Ratten zum Beispiel lassen sich durchkitzeln.

Demgegenüber klingen so manche Tierlaute wie Lachen, haben damit aber gar nichts zu tun, Vogellaute zum Beispiel. Vögel rufen damit entweder ihre Jungen, werben um einen potenziellen Partner oder verteidigen ihr Revier. Deshalb lachen Hühner auch nicht, sondern sie gackern höchstens.

Warum sind Männer oft Hahn im Korb?

HÖRERSPASS AM TELEFON

Weil sie auch gern mal herumgackern!

Drei Erklärungen gibt es dafür, erstens (die naheliegende): Wenn die Hennen im Mittelalter zum Verkauf auf den Markt getragen wurden, setzte man den Hahn in einem Extrakorb dazu, damit er für Ruhe und Ordnung sorgt. Erklärung Nummer zwei (die kämpferische): Schon bei den alten Römern wurden bei Hahnenkämpfen die Favoriten vorher in einem Korb durchs Publikum getragen, damit man auf sie wetten konnte. Und die dritte Erklärung (die erotische): Bereits im 6. Jahrhundert galt der Hahn als Sinnbild für besonders potente Liebhaber – die von den Damen zur Sicherung der Nachkommenschaft am begehrtesten waren und bevorzugt ins Bett, oder wie man auch sagte, ins Körbchen gelassen wurden. Und deshalb ist auch heute noch jeder Mann gern Hahn im Korb.

Wer ist der Hecht im Karpfenteich?

HÖRERSPASS AM TELEFON

Der Bruder vom Wolf im Schafspelz!

Der sprichwörtliche und der reale Kern dieser Redensart klaffen erheblich auseinander. Am Anfang stand ganz real die Berufszunft der Teichwirte. Schon im 14. Jahrhundert setzten diese in ihre Karpfenteiche tatsächlich Hechte. Klein genug, um den Karpfen nicht gefährlich zu werden, groß genug, um den Karpfen lästige Fresskonkurrenz vom Leibe zu halten. Sprichwörtlich auf den Menschen übertragen, stand dagegen der Hecht schon seit je für Räuber und Unruhestifter. Bekannt wurde die Redensart im 19. Jahrhundert durch Bismarck. Im Februar 1888 sprach der Reichskanzler von den Hechten im europäischen Karpfenteich, die uns daran hindern, Karpfen zu werden. Jedem war damals klar, dass die Hechte nur die Franzosen und die Russen sein konnten.

Warum stehen Störche oft nur auf einem Bein?

HÖRERSPASS AM TELEFON

Weil der zweite Frosch noch nicht serviert wurde!

Störche gehören zur Familie der Schreitvögel. Langsam schreiten sie über den Boden oder durch das Wasser, immer auf der Suche nach Essbarem. Da Störche sehr gern Fische, Frösche und Kaulquappen mögen, waten sie mit ihren langen Beinen gerne durchs Wasser. Aus diesem Grund haben sie nackte Beine, denn Federn würden im Wasser nur stören. An Land hingegen werden die federlosen Beine schnell kalt, vor allem, wenn es windig ist. Aber der Storch weiß sich zu helfen: Er zieht einfach eines der beiden Beine ins warme Gefieder zurück – so ist der Wärmeverlust nicht so hoch und der Storch kann weiter in Ruhe auf Nahrung warten.

Warum haben Elefanten so riesige Ohren?

Elefanten brechen viele Rekorde. Sie sind die größten und auch die schwersten Landsäugetiere. Das bringt aber auch viele Nachteile mit sich. Das Verhältnis ihrer Masse zur Körperoberfläche ist sehr ungünstig, im Vergleich zu einer Maus beispielsweise hat ein Elefant nur fünf Prozent Körperoberfläche. Es fällt ihm also schwer, überschüssige Körperwärme an die Umgebung abzugeben. Deshalb hat sich die Natur die riesigen Ohren einfallen lassen. Bei großer Hitze pumpt der Elefant Blut an die schattige Innenseite der Ohren. Nun muss nur noch die Wärme des Blutes schnell abtransportiert werden und das gelingt ihm, indem er kräftig mit den Ohren wedelt.

Macht Rot Stiere aggressiv?

HÖRERSPASS AM TELEFON

Nur bei Dessous!

Kein Stier dieser Welt ist in der Lage, die Farbe Rot zu erkennen. Stiere haben nämlich keine Sinneszellen in der Netzhaut für rotes

Licht, sie sind »rot-farbenblind«. Sie müssen Rot auch gar nicht erkennen können, denn sie ernähren sich ja nicht von Erdbeeren, Tomaten oder Kirschen. Wichtig ist aber für Stiere, dass sie rechtzeitig eine Gefahr erkennen können. Eine solche ist zum Beispiel dann gegeben, wenn sie von einem anderen Tier angegriffen werden. Genau dieser Angriff wird durch die schnellen Bewegungen des Tuches simuliert. Zusätzlich werden die Stiere vor dem Kampf gereizt. Die Farbe des Tuches spielt also gar keine Rolle. Ursprünglich war das Tuch – die muleta – sogar weiß. Da es sich vom Blut des Stieres aber oft rot färbte, bekam es später diese Farbe.

Sind Maulwürfe blind?

HÖRERSPASS AM TELEFON

Beim Geheimdienst normalerweise nicht!

Maulwürfe sind Insektenfresser und leben unter der Erde. Dafür sind sie perfekt ausgerüstet: Sie haben verhältnismäßig große Schaufelhände zum Graben, ihre Ohren sind im Fell versteckt, damit keine Erde reinfällt, die Zähne sind sehr scharf, um die mitunter harten Panzer von Insekten aufzuknacken, und sie können auch sehr gut riechen und fühlen. Außerdem haben sie winzige Knopfaugen. Wozu? Unter der Erde ist es doch eh dunkel, da können Maulwürfe sowieso nichts sehen? Richtig finster ist es nur tief in der Erde, da tasten die Tiere sich mit der Schnauze vorwärts. Je näher sie der Erdoberfläche kommen, umso heller wird es. Und diese Information ist für sie durchaus wichtig. Deshalb hat die Natur dafür gesorgt, dass

Maulwürfe hell und dunkel unterscheiden können. Natürlich haben sie keine Adleraugen, sie haben sogar eine ausgeprägte Sehschwäche, aber blind sind Maulwürfe nicht.

Warum kriegen uns keine zehn Pferde irgendwohin?

HÖRERSPASS AM TELEFON

Die Räder der Kutsche sind gebrochen!

Spektakulär und einzigartig sind unsere beiden Erklärungen. Einzigartig sollte die Mitgift im Mittelalter sein. Dabei wurde auf dem Land die Braut sehr gern in Pferden aufgewogen. Waren es zu wenige, dann sagte der Bräutigam schon mal: »Für zehn Pferde kriegt mich keiner zu ihr hin.« Spektakulär war vor fast 450 Jahren Otto von Guerickes Versuch mit den Magdeburger Halbkugeln. Ohne Luft innendrin, presste der Luftdruck die beiden Hälften so aneinander, dass selbst viele Pferde sie nicht auseinanderziehen konnten. Die Zuschauer staunten: »Das kriegen ja selbst sechzehn Pferde nicht hin!« Der Volksmund strich die sechs, setzte sich selbst dazu und machte daraus: Da kriegen mich keine zehn Pferde hin.

Wieso müssen wir manchmal etwas berappen?

HÖRERSPASS AM TELEFON

Weil Schimmel sehr teuer sind!

Pferd, Münze und Gaunersprache teilen sich die Plätze auf dem Siegerpodest der Erklärungen. Platz Nummer drei: das Pferd. Wer im Mittelalter knapp bei Kasse war, der schlich sich schon mal nachts zum Nachbarn und stahl das, was wenig auffiel im Dunkeln. Der Rappe mit seinem schwarzen Fell war perfekt dafür. Platz Nummer zwei: die Münze. Früher zierte den Schweizer Rappen ein Rabenkopf. Daraus folgt: Anstatt was zu berappen, mussten die Schweizer was berabben. Und Platz Nummer eins der Erklärungen: Die Redensart kommt von »rebbes«. Das ist ein Ausdruck aus der Gaunersprache Rotwelsch und bedeutet Zins. Und für den müssen wir auch heute noch einiges berappen.

Warum bestehen so viele Schimpfwörter aus Tiernamen?

HÖRERSPASS AM TELEFON

Weil wir dabei tierisch abgehen!

Auch wenn man eher das Gegenteil vermuten könnte: Gerade weil wir eine gefühlsmäßig sehr enge Beziehung zu unseren Haustieren haben, geht auch im Schimpfwort ohne sie gar nichts. Und so haben bereits vor 10 000 Jahren unsere Vorfahren die Sau dafür rausgelassen. Damals begann nämlich die Haustierhaltung von Schwein, Rind und Schaf. Tier und Mensch lebten sehr eng beieinander und man lernte sich im Lauf der Geschichte wie in einer Ehe immer besser kennen. Da blieben Reibereien nicht aus. Die Kuh lief weg und war plötzlich dumm, das Schwein schleppte zuviel Dreck in die Hütte und mutierte zur Drecksau und das Kaninchen versteckte sich ständig und wurde zum Angsthasen. Da war es nur noch ein kleiner Schritt, auch die menschlichen Nachbarn bei nächster Gelegenheit tierisch zu beschimpfen.

Wieso spinnen wir manchmal?

HÖRERSPASS AM TELEFON

Spinnen am Abend, erquickend und labend!

Die kleinen oder großen Krabbler haben mit dieser Redensart nichts zu tun. Oder wenn überhaupt, dann nur am Rande. Und zwar auf dem Schiff. Dort wurde nämlich zuerst gesponnen. Allerdings nicht so ganz freiwillig. Zu den niedersten Arbeiten auf Schiffen zählte früher das Schiemannsgarn- oder Seemannsgarnspinnen. Dafür wurden von den Matrosen alte Taue aufgedröselt und zu neuen zusammengeflochten. Stinklangweilig war das, und deshalb erzählten sich die Seeleute in dieser Zeit gern Geschichten. Manche wahr und andere erfunden. Eben richtiges Seemannsgarn. Das übertrug der Volksmund später auch aufs ganz normale Leben. Noch heute sagen wir, wenn es unglaubwürdig wird: Na, der spinnt doch wohl.

Was hat der Bienenstich mit Bienen zu tun?

Der Name Bienenstich hat tatsächlich was mit den Insekten zu tun. Sicher geklärt ist die Herkunft des Namens nicht, folgende Geschichte aus dem Mittelalter ist jedoch überliefert: Die Linzer waren sauer, weil ihnen der Kaiser den Zoll für die Rheinschifffahrt entzogen hatte. Die wichtigste Geldquelle der Stadt sollte nun Andernach zugute kommen. Deshalb wollten die Linzer ihre Nachbarstadt angreifen. Dieser Angriff wurde aber von zwei Bäckerjungen aus Andernach verhindert. Die beiden waren in den frühen Morgenstunden unterwegs, um aus den an der Stadtmauer aufgehängten Bienenkörben Honig zu naschen. Als sie die Angreifer entdeckten, warfen sie mit den Bienenkörben nach ihnen. Die Linzer suchten schnell das Weite und die beiden Bäckerjungen bekamen als Dankeschön einen besonderen Kuchen – und der heißt seitdem Bienenstich!

Warum können Vögel auf Hochspannungsleitungen sitzen?

Vögel können auf Hochspannungsleitungen sitzen, weil 220 000 Volt allein noch keine Bedrohung sind. Allerdings nur so lang der Vogel auf einer Leitung landet. Streift er mit seiner Schwanzfeder die andere Leitung oder einen Mast, der ihn mit der Erde verbindet, dann entsteht eine Brücke und der Strom beginnt zu fließen. Der Vogel bezahlt mit seinem Leben. Also, damit nichts passiert, immer nur auf eine Leitung setzen. Und da ist es dann auch egal, ob der Vogel seine Füße gleichzeitig oder hintereinander aufsetzt.

Warum wird jemand zur Sau gemacht?

HÖRERSPASS AM TELEFON

Ochsen laufen ja schon genügend herum!

Zwei Säue werden dafür gern durchs Dorf getrieben. Die eine gehört Circe, der sagenhaften Zauberin auf Odysseus Irrfahrten. Die hatte ja nichts Besseres zu tun, als die Mitstreiter von Odysseus in Schweine zu verwandeln. Damit wurden die Männer zur Sau gemacht. Schöne Geschichte, aber leider untauglich. Denn das Rennen macht die zweite Sau. Und zwar im Mittelalter. Da waren Schand- und Ehrenstrafen gang und gäbe. Unverbesserliche Trinker mussten sich dafür in ein Weinfass kleiden und tratschsüchtige Frauen mit einer Schandmaske aus langer Zunge und großen Ohren durchs Dorf laufen. Wer sich dagegen besonders rüpelig und aufmüpfig benahm, der bekam einen Schweinskopf übergestülpt. Und damit wurde er vor allen zur Sau gemacht.

Warum wird mancher fuchsteufelswild?

Wer fuchsteufelswild geworden ist, dem kommt man am besten nicht in die Quere. Im 16. Jahrhundert wäre das auch gar nicht möglich gewesen, denn da war man nur »fuchswild«. Jäger hatten nämlich beobachtet, wie wild der Fuchs sich gebärdete, wenn er aus einer Falle fliehen wollte oder wenn er an Tollwut erkrankt war. Manche lehnen diese Herkunft der Redensart allerdings ab. Sie setzen beim Ursprung auf das studentische Wort »fuchsen«, also sich ärgern. Fuchsen fußt aber wiederum auf dem mittelhochdeutschen »ficken«, was ursprünglich nichts Unanständiges war, sondern einfach nur schnell hin- und herfahren bedeutete. Später kam der Teufel hinzu und verstärkte noch die Aussage.

Warum beißt die Maus keinen Faden ab?

HÖRERSPASS AM TELEFON

Weil die Katze gerade damit spielt!

Diese Redensart kommt aus dem Schneiderhandwerk. Schneider waren früher meistens arme Schlucker, die ihre Unterkunft oft mit vielen Mäusen teilen mussten. Da es aber bei den Schneidern meistens keine großen Speisenvorräte gab, knabberten die Nager gern das von den Kunden gelieferte Tuch an. Der Schneider musste dem Auftraggeber also zeigen, dass auch das kleinste Stück Tuch verwendet wurde. Er tat das mit den Worten: »Nichts ist vergeudet. Selbst die Maus beißt keinen Faden ab.«

Bringt die Zeitumstellung Haustiere durcheinander?

Unsere tierischen Begleiter sind zwar zeitrobuster als wir, knabbern aber auch an der Zeitumstellung. Hunde haben zum Beispiel genau

wie wir eine innere Uhr und die stellt sich beim Gassigehen erst nach ein paar Tagen um. Aquarienbesitzer sind besonders gefragt. Sie müssen die Zeitschaltuhr neu einstellen und die tägliche Beleuchtung anpassen. Und selbst auf dem Bauernhof geht die Zeitumstellung auf keine Kuhhaut. Kühe geben nämlich nach der Umstellung von Sommerzeit auf Winterzeit bis zu 25 Prozent weniger Milch als sonst. Und Hühner legen weniger Eier. Entwarnung dagegen für Katzen- und Wellensittichfreunde: Minka, Tom und Hansi ist die Zeitumstellung piepegal.

Warum fliegen Eulen so leise?

HÖRERSPASS AM TELEFON

Sie wollen nicht nach Athen abgeschoben werden!

Federn und Geschwindigkeit machen den Unterschied. Eulen haben nämlich sehr weiche Federn mit einer samtartigen Oberfläche. Außerdem sind die Flügel besonders luftdurchlässig und besitzen kleine Haken und Fransen an ihren Kanten. Das führt dazu, dass sie stabiler in der Luft liegen als Flügel anderer Vögeln. Ein weiterer Grund ist auch in den Harry Potter Filmen zu sehen: Eulen fliegen sehr langsam und machen deshalb weniger Krach. Der langsame Flug hat allerdings auch einen Nachteil: Er verringert den Auftrieb. Deshalb hat die Eule im Vergleich zu genauso schweren anderen Vögeln sehr große Flügel. Die halten sie beim langsamen Fliegen in der Luft. Die Lärmschutzqualitäten ihres Fluges sind bestimmt einer der Gründe dafür, dass die Eulen bei Harry Potter gern als Postboten angestellt werden.

Können Katzen einen Kater bekommen?

HÖRERSPASS AM TELEFON

Nur wenn sie noch jung sind!

Katzen mögen keinen Alkohol. Während Hunde ganz gern ein Schlückchen Bier trinken, kann man Katzen höchstens mit einem Tropfen Eierlikör hinter dem Ofen vorlocken, schön süß mögen sie es am liebsten. Aber einen Gefallen tun Sie Ihrem Haustier damit bestimmt nicht, denn auch Katzen können einen Kater bekommen. Der Kater nach übermäßigem Alkoholgenuss hat aber gar nichts mit den Haustieren zu tun, denn eigentlich müsste es heißen: »Ich habe einen Katarrh.« »Katarrh« kommt aus dem Griechischen und heißt übersetzt »herunter fließen«. Studenten des 19. Jahrhunderts fanden die Bezeichnung treffend, weil ja am Abend vor dem bösen Erwachen jede Menge Alkohohl die Kehle herunter geflossen ist. Aus dem schwierig auszusprechenden Wort »Katarrh« machten sie einfach »Kater«. Außerdem ist »Katarrh« auch ein medizinischer Fachbegriff für eine Art Erkältung. Da einem bei einer Erkältung genauso der Kopf brummt wie nach zu vielen Gläsern Sekt, sagt man einfach: »Ich habe einen Kater.«

4. KAPITEL

Hör die Englein singen!

1 RADIO SACHSEN-ANHALT
landesweit auf 94,6 MHz
DER BROCKHAUS
ZITATE
DER BROCKHAUS

Warum hören wir die Englein singen?

HÖRERSPASS AM TELEFON

Weil es dann immer teuflisch gut ist!

Der Ursprung dieser Redensart hat mit dem Weihnachtsfest nichts zu tun. Es sei denn der Weihnachtsbaumständer fällt einem auf den Fuß, was ja bekanntlich sehr schmerzhaft sein kann, sodass wir sprichwörtlich tatsächlich die Englein singen hören. Im Altertum glaubten die Griechen nämlich, dass Schmerzen eine Strafe der Götter seien. Da sie viel zu beschäftigt waren, um ihr Urteil selbst zu vollstrecken, schickten sie spezielle singende Boten, im Griechischen angelos genannt. Übersetzt sind es die Engel, auf die man allerdings als Schmerzensboten zum Weihnachtsfest gern verzichten kann. Deshalb holen wir uns Trost in der Bibel. Da werden Engel als Wächter, als himmlische Heerscharen und vor allem als Schutzengel dargestellt. Übrigens: Nicht nur die Christen glauben an Engel, es gibt sie auch im jüdischen und im islamischen Glauben.

Sind der Weihnachtsmann und der Nikolaus verwandt?

HÖRERSPASS AM TELEFON

Fragen Sie das Christkind!

Den heiligen Nikolaus soll es tatsächlich gegeben haben, allerdings existieren über ihn nur wenige historische Quellen. Als Bischof in der Antike soll er um etwa 300 nach Christus in der kleinasiatischen Stadt Myra, also in der heutigen Türkei, gelebt haben. Er galt als Bekämpfer des Bösen, so viel ist sicher. Um seine Gestalt ranken sich viele Geschichten. Unter anderem soll er vor allem die Kinder be-

schenkt haben. Heute wird diese Tradition an seinem Todestag, also am 6. Dezember, fortgeführt. Erst Jahrhunderte später, nämlich im 19. Jahrhundert, taucht dann der Weihnachtsmann mit seinem rotweißen Mantel auf. Daher könnte man meinen, dass die beiden nichts miteinander zu tun hätten, allerdings stand der Nikolaus Pate für den Weihnachtsmann. Die Autoritätsfigur des Weihnachtsmannes ist eine Mischung aus dem freundlichen Nikolaus und dem Kinderschreck Knecht Ruprecht.

Warum trägt der Nikolaus oft drei goldene Kugeln oder Äpfel?

HÖRERSPASS AM TELEFON

Weil ihm die drei goldenen Haare schon ausgefallen sind!

Geboren wurde Nikolaus 280 in Patara in der Türkei. Damals war er weder heilig noch weltbekannt. Sein Onkel änderte diesen Zustand, als Nikolaus 19 wurde. Der Bischof holte seinen reichen Neffen nach Myra und weihte ihn zum Priester. Und dann geschah es: Ein rechtschaffender, aber armer Mann wollte seine drei Töchter zu leichten Mädchen machen, weil er keine Mitgift für sie hatte. Als Nikolaus davon erfuhr, war er in drei aufeinanderfolgenden Nächten je einen Goldklumpen ins Zimmer der Jungfrauen. Der Vater erwischte ihn in der dritten Nacht, bedankte sich tränenreich für die Rettung seiner Töchter und verkündete die Wohltat im ganzen Land. Das war der erste Schritt zum Heiligenschein für Nikolaus und der Grund dafür, dass der spätere Bischof von Myra bis zum heutigen Tag auf Ikonen oft mit drei goldenen Kugeln zu sehen ist.

Wieso ist der Karpfen eine traditionelle Speise für den Heiligen Abend?

Zwei Gründe stehen hier im Mittelpunkt. Erstens: Viele Christen greifen am Heiligen Abend deshalb zum Fisch, weil Fisch und Kreuz Symbole der Christenheit sind. Der Fisch galt schon sehr früh als geheimes Erkennungszeichen ihrer Religion. Zweitens: Die Adventszeit war früher Fastenzeit. Die alte Kirche legte diese zwischen den 11. November und den ursprünglichen Weihnachtstermin, dem Fest der Erscheinung des Herrn am 6. Januar. Fleisch war in der Fastenzeit nicht erlaubt, und so ging es darum, eine Speise auf den Tisch zu bringen, die gut den Magen füllte. Die Mönche züchteten deshalb in den Klosterteichen fette Karpfen. Und so kommt auch heute noch in vielen Familien die Weihnachtsgans erst zum Ende der Fastenzeit am ersten Weihnachtsfeiertag auf den Tisch.

Welcher europäische Nikolaus hat in Amerika Karriere gemacht?

HÖRERSPASS AM TELEFON

Santa Clausinator aus der Steiermark!

Im Nordwesten grenzt Deutschland an die Niederlande, und während am 6. Dezember vor der Grenze unser Nikolaus der Star ist, kommt dahinter Sinterklaas. Er reitet mit seinem Schimmel über die Dächer und durch den Schornstein und bringt den Kindern Geschenke. Diesen Brauch nahmen niederländische Auswanderer Anfang des 17. Jahrhunderts mit nach Amerika, nach Neu-Amsterdam. Weil dies ein lukratives Plätzchen war, eroberten es später die Briten und tauften erstens Neu-Amsterdam in New York um und machten zweitens aus dem Sinterklaas den Santa Claus. Allerdings fehlte ihm noch sein klassisches rot-weißes Outfit. Das erledigten dann die pfif-

figen Manager einer bräunlichen, koffeinhaltigen Limonade. Die machten Santa Claus endgültig zum Superstar.
Auf diese Weise aufgepeppt und reimportiert kam er wieder nach Europa, als Weihnachtsmann.

Hat der Weihnachtsmann auch eine Weihnachtsfrau?

HÖRERSPASS AM TELEFON
Weihnachtsfrau ja, Sex nein!

Offiziell hat der Weihnachtsmann nur in Finnland ein weibliches Pendant. Joulopukki und Joulumouri, so heißen Weihnachtsmann und Weihnachtsfrau in Finnland, sie wohnen in Lappland und sind ein eingespieltes Team. Allerdings weiß man nicht genau, ob Joulumouri platonische Haushälterin, sexy Geliebte oder treue Ehefrau ist. Wie auch immer, auf alle Fälle bereitet sie leckeren Piparkakut zu, auf deutsch: Pfefferkuchen, und er spannt schon mal den Weihnachtsschlitten an. Eines der Rentiere ist übrigens später sehr berühmt geworden. Sein Name: Petteri Punakouno. Petteri war Vorbild für Rudolph, the Red-Nosed Reindeer. Joulumuori, die Weihnachtsfrau, sorgt mit ihren Rezepten vorbildlich für das traditionelle finnische Weihnachtsessen. Dazu gehören Kartoffel- und Steckrübenauflauf, Rote-Bete-Salat und Blätterteigtaschen, die mit Pflaumenmus gefüllt werden. Und dann stoßen Joulopukki und Joulumuori darauf an: mit Glögi, dem Weihnachtspunsch.

Warum ärgern wir uns über dumme Geschenke schwarz?

HÖRERSPASS AM TELEFON

Lila wäre zu auffällig!

Dafür gibt es zwei Erklärungen. Die Erste: Schwarz steht in unserer Kultur für Kummer. Beispiel: Da seh' ich schwarz. Schwarz steht im Aberglauben aber auch für Unglück. Beispiel: die schwarze Katze. In beiden Fällen wird von jeher »schwarz« gebraucht, um Pech in der Sprache zu verstärken. Ab dem 17. Jahrhundert ärgerte man sich zunächst gelb, dann grün und wenn gar nichts mehr ging eben schwarz. Die zweite Erklärung führt zu den Brüdern Grimm. Ihr Märchen Frau Holle soll Schuld am »schwarz ärgern« sein. Weil die Pechmarie ihr Leben lang schwarz herumlaufen musste und extrem vergnatzt darüber war, sagte der Volksmund schon bald: Sie grämet sich wie Pech so schwarz. Im Laufe der Zeit blieb dann nur noch übrig: Sie ärgert sich schwarz.

Hat der Weihnachtsstern rote und cremefarbige Blüten?

Nein, das stimmt nicht. Was uns am Weihnachtsstern so entzückt, sind Hoch- und keine Blütenblätter. In ihrer mittel- und südamerikanischen Heimat ist die auffällige und intensive Färbung wichtig, um sich zu vermehren. Die eigentliche Blüte ist nämlich so unscheinbar, dass die Insekten sie glatt missachten würden. Also färbt die Pflanze ganz normale Blätter leuchtend ein und zieht damit die Insekten magisch an. Übrigens werden jährlich weltweit fast 200 Millionen Exemplare dieser Schönheit gehandelt.

Woher kommt der Glühwein?

HÖRERSPASS AM TELEFON
Von den Partys der Glühwürmchen!

Der Glühwein ist älter als das Weihnachtsfest selbst. Die alten Römer steckten vor mehr als 2000 Jahren ihre Nasen als erste hinein. Neben Wasser war nämlich Wein das beliebteste Getränk. Allerdings meist verfälscht. Eine dieser Fälschungen war das mulsum, eine Mischung aus Wein und Honig. Die war aber, zum Beispiel bei ausgedehnten Feldzügen, nicht lange genug haltbar. Also gab man einfach Gewürze dazu – Pfeffer, Lorbeer, Datteln und Safran – und nannte das ganze »conditum paradoxum«. Vorteil der Mischung: Aufgewärmt schmeckte sie besonders gut. Der Glühwein war geboren. Heute werden übrigens jährlich im Advent etwa 40 Millionen Liter getrunken.

Wie beschwipp(bb)st macht der Schwibbogen?

Gar nicht. Es sei denn man kauft Schwibbögen, in deren Halter anstelle der Kerzen kleine Glühweinflaschen stecken. Der Begriff

Schwibbogen kommt vom Schwebebogen aus der Architektur. Da ist er ein Stützbogen zwischen zwei Mauern. Die Wurzeln des erzgebirgischen Schwibbogens sind nicht eindeutig geklärt. Da in den ältesten Exemplaren aus dem 18. Jahrhundert im Bogenrund Sonne, Mond und Sterne abgebildet sind, sollte wahrscheinlich der Himmelsbogen dargestellt werden. Es gibt aber auch diese Legende: Wenn früher die Bergleute den Stollen verließen, hängten sie ihre Grubenlampen entlang des Mundlochs auf. So stellte der Steiger fest, ob wirklich alle Männer draußen waren. 1740 hat dann ein Bergschmied aus Johanngeorgenstadt dieses Bild als Vorlage für den ersten Schwibbogen genommen. Der war übrigens noch aus Metall.

Warum schenken wir uns etwas zum Weihnachtsfest?

HÖRERSPASS AM TELEFON

Einmal im Jahr müssen ja die Schränke ausgemistet werden!

Luther hat Schuld daran, dass wir uns Jahr für Jahr zum Weihnachtsfest dem Einkaufsstress ergeben. Der Reformator konnte nämlich katholische Heilige wie den Nikolaus überhaupt nicht ausstehen. Leider brachten die aber im Mittelalter am 6. Dezember Geschenke, und dieser Brauch musste für die Bevölkerung irgendwie erhalten bleiben. Also erfand Luther das Christkind und verschob die Bescherung auf den 25. Dezember.

Später machte das Christkind auch in der katholischen Kirche Karriere. Im 19. Jahrhundert bekam es als Geschenkebringer Nummer eins allerdings Konkurrenz: Durch den Weihnachtsmann. Heute haben in Deutschland beide ihre Fans. Das Christkind vorzugsweise in südlichen Regionen und in den katholischen Hochburgen des Westens und der Weihnachtsmann im Norden und Osten. Eines gilt allerdings für beide: Damit sie Geschenke bringen, müssen wir kaufen.

Bis wann geht die Weihnachtszeit?

HÖRERSPASS AM TELEFON

Bis zum St. Nimmerleinstag!

Jeder hat bestimmt seine eigene, ganz persönliche Definition für die schönste Zeit des Jahres, die offizielle geht so: Die Weihnachtszeit beginnt am Heiligen Abend entweder mit der evangelischen Christvesper oder mit der katholischen Christmette. Sie endet in der evangelischen Kirche mehrheitlich mit dem Fest der Heiligen Drei Könige am 6. Januar. In der katholischen Kirche dürfen es grundsätzlich gern ein paar Tage mehr sein, nämlich bis zum Sonntag nach Dreikönig mit dem Fest der »Taufe des Herrn«. Früher reichte übrigens die Weihnachtszeit bis zum Fest der »Darstellung des Herrn« am 2. Februar, im Volksmund auch als Mariä Lichtmess bekannt. Aber was heißt nun eigentlich Weihnachten? Das Wort »weih« hat germanischen Ursprung und bedeutet »heilig«. Weihnachten sind also Heilige Nächte.

Wo hängt man zum Weihnachtsfest Socken in den Kamin?

HÖRERSPASS AM TELEFON

Nur wo der Weihnachtsmann selbst Schweißfüße hat!

Das geschieht in England, und zwar am Heiligen Abend. Die Legende sagt, dass der Heilige Nikolaus von Myra im 4. Jahrhundert Geschenke an die Armen verteilte. Dabei wollte er unerkannt bleiben und warf seine Gaben durch den Schornstein in die Socken, die zum Trocknen daran hingen. Aber wehe, wer der Versuchung erlag, größere Strümpfe vorzuzeigen und aufzuhängen, als man wirklich selber Füße hatte. Die meisten Dinge, die man im nächsten Jahr anpackte, schlugen daraufhin fehl. Man war einfach von den Socken.

Warum küsst man sich unter dem Mistelzweig?

HÖRERSPASS AM TELEFON

Der Platz auf dem Moos war gerade besetzt!

Diese Weihnachtstradition ist auf die keltischen Völker zurückzuführen. Bei ihnen war die Mistel heilig und ein Symbol des Friedens. Stießen zwei Feinde im Wald unter einem Mistelzweig zusammen, gaben sie sich einen Friedenskuss und schlossen für einen Tag Waffenstillstand. Später wurde der Brauch leicht abgewandelt auf die Hochzeit und dann auf das Weihnachtsfest übertragen. Aber Vorsicht, der Knackpunkt liegt im Kleingepflanzten: Küssende Paare unter dem Mistelzweig bleiben nur dann zusammen, wenn die Mistel mit einer goldenen Sichel geschnitten und binnen zwölf Nächten verbrannt ist.

Wer bekommt vor dem Weihnachtsmann kalte Füße?

HÖRERSPASS AM TELEFON

Papa ohne Socken!

Wahrscheinlich nur die Glücksritter. Diese Redewendung kommt nämlich vom Glücksspiel. Früher war es streng verboten, um Geld zu spielen. Also zogen sich die Zocker in düstere Keller zurück. Da war es meistens kalt und ungemütlich. Das war zwar einerseits un-

angenehm, konnte aber auch gut als Ausrede herhalten. Spieler, die ein schlechtes Blatt hatten, sagten dann einfach: »Meine Füße werden ganz kalt. Ich gehe lieber.« Das setzte sich bald auch im allgemeinen Sprachgebrach durch. Und so stimmt es eben doch: Wer sein Weihnachtsgedicht nicht gelernt hat, der bekommt vor dem Weihnachtsmann kalte Füße.

Warum ist beim Plätzchenbacken alles in Butter?

HÖRERSPASS AM TELEFON

Weil Marina, Rama und Sonja gerade Geschenke kaufen!

Das Schöne daran ist: Auch beim Plätzchen ohne Butter kann durchaus alles in Butter sein. Die Redensart kommt aus dem Mittalter. Schon damals waren italienische Gläser in Deutschland sehr beliebt. Die mussten aber über die Alpen gebracht werden. Leider gingen dabei viele zu Bruch. Ein pfiffiger Händler hatte die Erleuchtung: Er legte die Gläser in ein Fass und verteilte darüber heiße, flüssige Butter. Als die dann fest geworden war, konnten auch die Gläser nicht mehr verrutschen. Selbst wenn die Fässer vom Pferdefuhrwerk stürzten, die Gläser blieben ganz. Es war eben alles in Butter.

Weshalb essen wir Nüsse im Advent?

HÖRERSPASS AM TELEFON

Weil uns der Einkaufsstress auf die Nüsse geht!

In früheren Zeiten gab es im Winter oft nicht viel zu essen. Und da wurden Eichhörnchen zum Vorbild. Nüsse können gut gelagert werden, enthalten Fett, Eiweiß und Mineralstoffe. Kleiner Sprung in die Gegenwart: Heute weiß man, dass durch die mehrfach ungesättigten Fettsäuren Nüsse gut zum Cholesterinsenken sind. Wieder zurück zur Vergangenheit und zu einer weiteren Erklärung: Die hat mit der Christianisierung zu tun. Es heißt: Gott schenkt die Nüsse, aber knacken muss sie der Mensch selber. Nüsse und Mandeln sind Symbole des Lebens, die zeigen, dass man hart arbeiten muss, um an das Besondere, also das Innere der Nuss, heranzukommen. Als Hausobst des Advents gilt übrigens der Apfel.

Wie viel Pfeffer steckt im Pfefferkuchen?

Im Pfefferkuchen steckt heute normalerweise überhaupt kein Pfeffer. Früher war das allerdings anders. Im 13. Jahrhundert kamen Mönche in einem Kloster auf die Idee, die bis dahin bekannten Honigkuchen etwas aufzupeppen. Sie mischten schwarzen Pfeffer unter die Teigmasse und ließen sich nun den Pfefferkuchen schmecken. Der Pfeffer wurde später wieder aus der Zutatenliste gestrichen, der Name blieb. Und zwar deshalb, weil auch andere exotische Gewürze ganz allgemein als

Pfeffer bezeichnet wurden. Und so stecken heute im Pfefferkuchen vor allem Zimt, Nelken, Anis, Muskat und natürlich wie früher Honig.

Kommt der Christstollen aus dem Bergwerk?

Nein, das macht er nicht. Aber weil das beliebte Gebäck die Form einer Säule hat, steckt das althochdeutsche Wort dafür drin: Stollo. Der Christstollen mit seinem Puderzuckerguss symbolisiert ein in Windeln gewickeltes Kind. In der weiteren Beurteilung scheiden sich allerdings die Geister . Die einen sagen, dass es das Jesuskind selbst ist, die anderen sehen das Gebäck als Zeichen für jene Kinder, die Herodes in Bethlehem umbringen ließ, nachdem er von der Geburt Jesu gehört hatte. Deshalb soll man Stollen eigentlich auch nicht vor dem 28. Dezember, dem Tag der unschuldigen Kinder, anschneiden. Aber das macht natürlich kaum jemand, weil er so gut schmeckt. Und noch eines: Der älteste handwerklich gefertigte Christstollen Deutschlands kommt nicht aus Dresden, sondern aus Naumburg.

Wer steckt wen in den Sack?

HÖRERSPASS AM TELEFON

Angela die Regierungsmänner!

Das ist natürlich nicht die Frage zum Weihnachtsfest. Die lautet: Wer steckt was in den Sack? Die Antwort in einem Satz: Der Weihnachtsmann die Geschenke. Weil das aber sowieso jeder weiß und Christkindfans überhaupt nicht interessiert, stehen wir doch wieder vor der Frage: Wer steckt wen in den Sack? Diese Redewendung geht zurück auf eine besondere Art von Ringkämpfen auf den Jahrmärkten. Dabei reichte es nicht aus, den Gegner auf den Boden zu werfen, sondern er musste zusätzlich in einen Sack gesteckt werden. In einem Volkslied aus dem Jahre 1400 heißt es: »Und wer den anderen übermag, der schieb ihn fürbass in den Sack.« Der Verlierer im Ringkampf wurde nicht nur mit Hohn und Spott bedacht, sondern anschließend oft in den Dorfteich geworfen. Man machte ihn zum nassen Sack. Luther ist übrigens Pate für eine andere Redensart. Er schrieb: »Unser eigen Fleisch, der alte faule Sack.« Zum Weihnachtsfest ganz besonders.

Woher kommt der Adventskalender?

Adventskalender als tägliche kleine Schokoportion in der Vorweihnachtszeit gibt es erst seit 1958. Bis dahin war es ein weiter Weg. Erste zaghafte Versuche erblickten im 19. Jahrhundert das Licht der Weihnachtswelt. So wurden zum Beispiel 24 Bilder nach und nach an die Wand gehängt oder von 24 Kreidestrichen an der Tür durften die Kinder jeden Tag einen wegwischen.
Der Buchhändler und Pfarrerssohn Gerhard Lang aus Maulbronn gilt als Erfinder des gedruckten Weihnachtskalenders. Seine Mutter nervte es ganz gehörig, dass der Stammhalter ständig wissen wollte, wie viele Tage es noch dauere bis der Weihnachtsmann käme.

Also pappte sie kurzerhand 24 Kästchen auf einen Karton und nähte jeweils einen Keks drauf. Sohn Gerhard erinnerte sich daran und machte 1903 ein Geschäft daraus. Übrigens: Für den längeren Genuss gibt es auch Adventskalender mit 31 Türchen.

Warum ist der Weihnachtsbaum immer grün?

HÖRERSPASS AM TELEFON

Weil wir uns zum Weihnachtsfest auch grün sein sollen!

Weil die Farbe Grün schon in der Vorzeit für die Hoffnung auf neues Leben stand. Dabei hat der Weihnachtsbaum seinen Ursprung in heidnischen Wurzeln. Wintermaien wurden ins Haus geholt, um Dämonen und Geister zu vertreiben und für das Frühjahr die Fruchtbarkeit zu fördern. Da es nicht immer gelang, Obstbaumzweige rechtzeitig zum Blühen zu bringen, setzten sich die immergrünen Zweige durch, ab dem 16. Jahrhundert auch in der stehenden Form. Geschmückt, so wie wir es verstehen, wurde der Weihnachtsbaum zum ersten Mal 1605 in Straßburg mit Papierrosen, Äpfeln, Knistergold und Zuckerwerk.

Woher kommt der Adventskranz?

Eines haben Kinder schon seit Ewigkeiten gut drauf: Herumquengeln. Hinrich Wichern konnte ein Lied davon singen. Der evangelische Theologe und Erzieher aus Hamburg betreute seit 1833 in einem Bauernhaus verarmte Kinder. Immer wieder zur Adventszeit hörte er von seinen Schützlingen die gleiche Frage: Wann kommt denn nun endlich der Weihnachtsmann? Also baute Hinrich Wichern 1839 aus einem alten Wagenrad einen Holzkranz mit 19 kleinen roten und vier großen weißen Kerzen. So konnten die Kinder die Tage bis zur Geburt Jesus Christus genau abzählen. Im Laufe der Zeit wurde der Adventskranz dann kleiner und speckte auf vier Kerzen ab. 1860 kam das Tannengrün hinzu. Übrigens leitet sich Advent vom lateinischen »adventus« ab und das bedeutet «Ankunft«.

Wie kommen Ochs und Esel an die Krippe?

HÖRERSPASS AM TELEFON

Zu Fuß!

Die bekannteste Schrift zur Heiligen Nacht ist das Lukasevangelium. Darin steht allerdings noch nichts von Ochs und Esel im Stall von Bethlehem. Erst später fügte Kirchenvater Augustinus von Hippo die beiden Tiere in die Stallszene ein. Dabei haben Ochs und Esel doppelte Symbolik. Einerseits stehen sie als kraftvolle und ausdauernde Arbeitstiere für das einfache Volk. Andererseits symbolisiert der Ochse als reines Tier das Judentum, der Esel als unreines die Heiden. Zwischen ihnen liegt das Jesuskind und verkündet die neue Religion: die christliche.

Welche Weihnachtsnascherei hat den Vorgeschmack des Himmels?

HÖRERSPASS AM TELEFON

Heidi in Dessous!

Der Vorgeschmack auf den Himmel liegt im Marzipan. Den Beinamen bekam die süße Nascherei in mittelalterlichen Klöstern. Dort stand sie für die späteren Freuden im Paradies. Wer hat nun aber das Marzipan erfunden? Da streiten sich die Gelehrten. Der ersten Legende nach soll im Jahre 1407 ein Lübecker Kaufmann die Nascherei erfunden haben. Die zweite Legende führt uns nach Venedig. Schutzpatron der Stadt war der Heilige Markus. Während einer Hungersnot bat ein verzweifelter Einwohner den Heiligen, ihm und seiner Familie zu helfen. Und so fand der Bittsteller später zu Hause Mehl, Zucker und Mandeln. Das Brot nannte der Beschenkte marci pane. Brot des Markus. Übrigens: Bäcker, die auch Marzipan herstellten, hießen im Mittelalter deshalb Markusbrüder.

Wer schreibt in Europa die meisten Weihnachtskarten?

Traditionell schreiben die Engländer die meisten Weihnachtskarten. Und das liegt vor allem daran, dass Sie schon im Oktober damit anfangen. Und so schraubt sich die Anzahl der geschriebenen Weihnachtskarten pro Durchschnittsperson auf 50 jedes Jahr. Das schaffen wir in Deutschland nicht einmal durchschnittlich pro Haushalt.

Die ersten Weihnachtskarten wurden 1843 auch in England gedruckt. Eines dieser ältesten Exemplare ersteigerte übrigens die Generalsekretärin der britischen Grußkartenvereinigung Jacki Brown für 8800 Pfund, also umgerechnet immerhin 13 000 Euro. Die Karte ist handcoloriert und zeigt eine Familie beim Weihnachtsessen.

Waren die heiligen drei Könige schon immer heilig und Könige?

HÖRERSPASS AM TELEFON

Nein. Erstmal waren sie klein!

Nein, das waren sie nicht. Im neuen Testament steht weder, dass sie Könige noch insgesamt drei waren. Fest steht, dass diese Weisen aus dem Morgenland nach Bethlehem kamen, um das neugeborene Jesuskind zu finden. Aus ihren Gaben Gold, Weihrauch und Myhrre schloss man später auf ihre Anzahl: drei. Im 8. Jahrhundert bekamen sie ihre Namen: Caspar, Melchior und Balthasar. Gleichzeitig machte man sie zu Königen. Aber erst um 1300 trat einer der drei Heiligen Könige, meistens Caspar, zum ersten Mal mit einer dunklen Hautfarbe auf. Gleichzeitig vertraten die Weisen nun auch die damals bekannten drei Weltteile: Afrika, Europa und Asien.

Helfen Weihnachtsäpfel, die mit Nägeln gespickt sind, gegen Eisenmangel?

HÖRERSPASS AM TELEFON

Nein. Aber gegen Schluckbeschwerden!

Kaum zu glauben: Mit Nägeln gespickte Äpfel helfen tatsächlich gegen Eisenmangel. Zumindest grundsätzlich. Dabei geht es allerdings nicht um den Rost, der sich vielleicht auf den Nägeln gebildet hat. Rost ist oxidiertes Eisen, und damit kann der Körper nichts anfangen. An den braunen Stellen, die der Nagel im Apfel entstehen lässt, bildet sich Eisenmalat. Das ist ein zweiwertiges Salz. Und so angeboten, nimmt unser Körper das Eisen gern auf. Aber Vorsicht: Wie viel Eisen man auf diese Art und Weise konsumiert, lässt sich schwer bestimmen. Und für alle, die es trotzdem gern probieren möchten, noch ein Tipp: Vorher unbedingt die Nägel rausziehen.

Sind die Rentiere des Weihnachtsmannes alle männlich?

HÖRERSPASS AM TELEFON

Einfach mal nachgucken!

Das kann man von Weitem nicht genau sagen. Denn die Rentiere sind in der Familie der Hirsche die einzigen, bei denen sowohl Männchen als auch Weibchen ein Geweih tragen. Für den Weihnachtsmann sind sie erste Wahl, weil sie den kalten Witterungsbedingungen in Nordeuropa, -asien und -amerika perfekt angepasst sind. In Amerika heißen Rentiere übrigens Karibus. Rentiere sind nicht wirklich scheu. In Schweden und Finnland muss man selbst auf den Landstraßen immer mal wieder mit ihnen rechnen. Aber wie viele Rentiere ziehen nun den Weihnachtsmannschlitten? Es sind neun. An der Spitze Rudolph mit der roten Nase.

Woher kommen die Kerzen?

Kerzen gibt es seit der Antike. Ungefähr seit dem 2. Jahrhundert nach Christus verwendeten die Römer kurze Talg-, Pech- und Wachskerzen. Im Mittelalter waren sie beliebt als Lichtquelle im Haushalt und nicht zuletzt in der Kirche. Dort allerdings durften nur Kerzen aus reinem Bienenwachs verwendet werden. Das führte dazu, dass Bienenwachs im Mittelalter ein wichtiges Handelsgut wurde. Für den Hausgebrauch wurden meist billige Kerzen aus minderwertigem Rinder- oder Hammeltalg verwendet, die fürchterlich stanken, rußten und tropften. Erst um 1830 wurde das Paraffin entdeckt. Die erste Paraffinkerze wurde angeblich sieben Jahre später in Frankreich gezogen.

Warum sehen Weihnachtskekse oft wie Fische aus?

Für die bedrohten und verfolgten Christen wurde schon in der Anfangszeit der Fisch zum Erkennungszeichen ihrer Gemeinschaft. Jesus beruft Fischer als erste Jünger und speist 5000 Menschen mit fünf Broten und zwei Fischen. Auch auf den Taufbecken sind häufig Fische zu finden. Symbolisch wird der Täufling wie ein Fisch unter die Wasseroberfläche getaucht. Der weihnachtliche Fisch erinnert aber auch daran, dass Jesus Christus in dieser Zeit sichtbar auf der Erde erschien. Alte Darstellungen zeigen den Fisch, der auf seinem Rücken ein Schiff trägt. Als Symbol steht das für Christus, der die Kirche trägt und lenkt.

Was ist der Unterschied zwischen Plätzchen und Keksen?

HÖRERSPASS AM TELEFON

Wer zu viele Kekse isst, kann platzen. Und wer im Bett mit Plätzchen krümelt, geht auf den Keks!

Plätzchen und Kekse sind beide lecker. Das liegt daran, dass die Teigrezeptur prinzipiell gleich ist: Mehl, Butter, Eier und Zucker gehören dazu. Aber Plätzchen und Kekse sind unterschiedlich groß geworden. Das Plätzchen müsste man eigentlich mit »Sie« ansprechen. Früher aßen die feinen Herrschaften zu Tee und Kaffee kleine Gebäckstücke, die mit Konfitüre, Schokolade, Marzipan und Nüssen verfeinert waren. Die wurden Plätzchen genannt. Und zwar abgeleitet vom italienischen »plazenta«. Das bedeutet Kuchen. Ein Plätzchen ist also ein kleiner Kuchen. Der Keks war dagegen im Original ein Schiffszwieback: Sehr nahrhaft und lange haltbar. Weil er aus England kam, nannte man den Schiffszwieback »English Cake«. Im 19. Jahrhundert machte dann ein deutscher Kaufmann daraus den Keks. Der Keks war ursprünglich nicht so zuckrig, schokoladig und nussig wie das Plätzchen. Und deshalb ist unser süßes Weihnachtsgebäck viel mehr Plätzchen als Keks

Was passiert in der Weihnachtssauna in Finnland?

HÖRERSPASS AM TELEFON

Ricola!

Der Saunagang am Heiligen Abend ist in Finnland eine feste Größe. Früher war die Weihnachtssauna das wichtigste Ereignis des Weihnachtsfestes überhaupt. Die Finnen glaubten nämlich, dass auch die verstorbenen Angehörigen zum Baden in die Weihnachtssauna kämen, um unangenehme Fragen zu stellen. Also stellte man kleine Weihnachtshäppchen aus Lachs, Hering, Kartoffeln, Rote Bete und Mohrrüben bereit, um die Vorfahren abzulenken. Heute stimmt man sich in der Weihnachtssauna auf das bevorstehende Festmahl ein. Aber auch wer die Freundin oder den Freund zum ersten Mal der Familie vorstellen möchte, soll das gern in der Weihnachtssauna machen.

Wieso gehören in Island 13 Weihnachtsmänner zum Weihnachtsfest?

HÖRERSPASS AM TELEFON

Wegen der vielen kleinen Säcke!

In Island dauert das Weihnachtsfest 13 Tage. Und zwar vom Heiligen Abend bis zum Dreikönigstag. Die Kinder aus Island glauben, dass Weihnachtszwerge die Geschenke aus den Bergen zu ihnen bringen. 13 Weihnachtszwerge gibt es und dreizehn Tage vor dem Weihnachtsfest kommt der erste. Dann folgt bis zum Heiligabend an jedem Tag ein weiterer Zwerg. Sie heißen im Volksmund Topflecker, Quarkfresser, Wursthaken, Fenstergucker, Türenriecher und Kerzenbettler. Wenn sie ihre Geschenke gebracht haben, verschwinden sie wieder. Am ersten Weihnachtsfeiertag der erste, am nächsten Tag der zweite und so weiter, bis zum Dreikönigstag alle weg sind. Übrigens: Die Weihnachtszwerge sehen aus wie unser Weihnachtsmann.

Warum sollen wir zwischen Weihnachten und Neujahr keine Wäsche aufhängen?

HÖRERSPASS AM TELEFON

Damit die Männer einmal im Jahr ohne schlechtes Gewissen ihre alten Schlüpfer weitertragen können!

Die Nächte um Heiligabend bis Silvester, manchmal auch bis zum Dreikönigstag, sind die sogenannten Raunächte. Sie galten jahrhundertelang als eine Zeit der Geisteraustreibung oder -beschwörung.

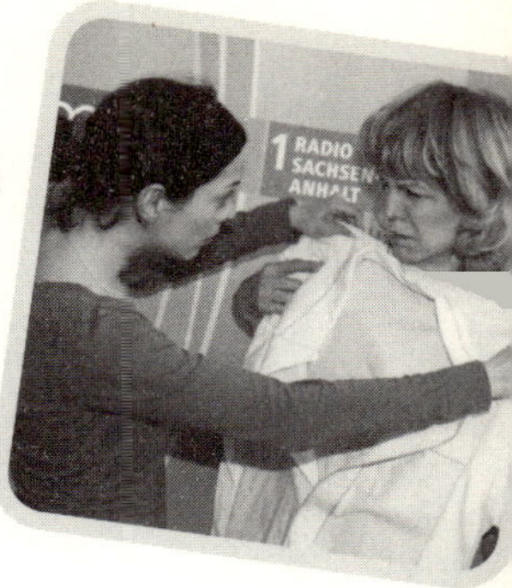

Die alten Germanen glaubten, in dieser Zeit reite Wotan - der höchste Gott der germanischen-nordischen Mythologie – mit seinem Teufelsheer um die Menschenhäuser. Dabei durfte er nicht gestört werden. Verhedderte er sich aber zum Beispiel in einer Wäscheleine, wurde Wotan zornig. Und das brachte für das kommende Jahr Unheil über das Haus und seine Bewohner.

Wieso ziehen wir im neuen Jahr strengere Saiten auf?

Schon die Schreibweise mit »ai« deutet darauf hin, dass es sich hier nicht um Buchseiten handelt, sondern um Saiten von Musikinstrumenten. Andere Saiten aufziehen kann man zum Beispiel bei Gitarren, Harfen und Geigen. Und wenn man das tut, dann verändert man den Klang, die Tonart des Instrumentes. Wenn man also andere, strengere Saiten aufzieht, schlägt man eine andere Tonart an.

Warum leben wir im neuen Jahr gern mal in Saus und Braus?

HÖRERSPASS AM TELEFON

Es könnte ja das letzte sein!

In Saus und Braus lebt man sprichwörtlich seit dem 17. Jahrhundert. Zwei Erklärungen gibt es dafür. Die erste führt uns auf Bälle, die

zweite ans Wasser. Und beide enden am Meer. Das kommt so: Auf barocken Bällen ging gewaltig die Post ab. Hunderte von Partygästen tanzten, tranken, tratschten und turtelten ohne Hemmungen. Die Geräuschkulisse hörte sich so an wie das Sausen und Brausen des Meeres. Oder: Sommerresidenzen standen schon früher bei den Adligen hoch im Kurs. Als Zweitwohnsitz waren sie zwar nicht nötig, aber wer sich das Sausen und Brausen des Meeres leisten konnte, der hatte es geschafft. Und deshalb stehen auch heute noch Saus und Braus für verschwenderische Momente im Leben.

Wieso gehen manche aufgedonnert zur Silvesterparty?

HÖRERSPASS AM TELEFON

Damit wir nicht geblitzt werden!

Seit dem 19. Jahrhundert zeigen sich vor allem die Frauen sprichwörtlich gern mal aufgedonnert. Und so, wie man vom Weib sagt, es sei ein undurchdringliches Wesen, so ungewiss ist auch die Herkunft dieser Redensart. Die erste Spur führt nach Italien. Dort griffen die Frauen der besseren Gesellschaft gern zu besonders prunkvoller Kleidung, die jedem sofort ins Auge stach. Leider waren die Outfits nicht immer stilsicher. So machte der Volksmund aus dem italienischen Wort für Frau, aus »donna«, aufgedonnert. Die zweite Spur führt direkt zu Blitz und Donner. Wenn es donnert, dann wird es laut. Lärm und Krach ziehen uns beim Gewitter magisch an, genau wie jemand, der aufgedonnert herumläuft.

Warum kribbelt es vor Freude im Bauch, wenn wir ins neue Jahr feiern?

HÖRERSPASS AM TELEFON

Weil da ganz viel Sekt drin ist!

Der Schuldige heißt kurz und knapp PEA. Lang und wissenchaftlich: Phenylethylamin. Man könnte auch sagen: PEA passt einfach absolut, wenn es in unserem Körper um Glück und Zufriedenheit geht. Der Stoff sorgt nämlich für die Ausschüttung des Glückshormons Dopamin, kann Blutzuckerspiegel und Blutdruck steigen lassen und sorgt so für Wach- und Wohlsein. Aber, alles Gute ist nie beisammen. PEA hemmt leider auch teilweise das rationale Denken. Regelmäßig ist dies bei Verliebten zu beobachten. Bei so viel Durcheinander kommt auch der Magen nicht ungeschoren davon. Das große Kribbeln beginnt. Und wenn man es medizinisch ganz genau nimmt, dann ist das berühmte Kribbeln eine Parästhesie, eine Fehlwahrnehmung der Magennerven.

Rutschen wir tatsächlich ins neue Jahr?

HÖRERSPASS AM TELEFON

Kommt auf die Schlitterbahn vor der Wirtschaft an!

Der Wunsch »Guten Rutsch!« hat nichts damit zu tun, ins neue Jahr hinüberzurutschen, er ist keine Aufforderung, möglichst vereiste Flächen zu suchen, um dann nach ein paar Gläschen Sekt auf dem Hosenboden ins neue Jahr zu schlittern. Der »Gute Rutsch!« stammt ursprünglich aus dem Hebräischen, wo das Wort rosch »Kopf« oder »Anfang« bedeutet. Mit gutem Rutsch wünschen wir also einen guten Jahresanfang. Ins Deutsche gelangt ist der »Gute Rutsch« über das Jiddische »Rosh ha-Shanah«. Es bedeutet nichts anderes als: »Ein gutes neues Jahr«.

Wieso liest man zu Silvester im Kaffeesatz?

HÖRERSPASS AM TELEFON

Weil das mit Punkt und Komma zu schwer ist!

Die Kaffeesatz-Leserei ist eine sehr junge Methode, um die Zukunft vorherzusagen. Das ist kein Wunder, denn erst im 16. Jahrhundert fingen die Europäer an, Kaffee zu trinken. Damals war Kaffee sehr teuer, deshalb konnten sich nur wohlhabende Bürger und Aristokraten den Kaffeegenuss leisten. Erst gegen Ende des 17. Jahrhunderts tranken auch ärmere Menschen den Muntermacher, und genau zu dieser Zeit entstand auch die Kaffeesatz-Leserei. Zum ersten Mal erwähnt wurde sie von dem Florentiner Wahrsager Thomas Tamponelli, aber auch bei den Franzosen boomte die neue Methode, aus dem Kaffeesatz die Zukunft vorherzusagen. Da allerdings die Prozedur sehr kompliziert war, mussten die Menschen meist zu Profis gehen, und so hatten die Wahrsager alle Hände voll zu tun.

5. KAPITEL

Jetzt hast du Blut geleckt!

Warum haben wir Blut geleckt?

HÖRERSPASS AM TELEFON

Weil Robert Pattinson unwiderstehlich ist!

Die Redewendung vom »Blut lecken« stammt aus der Tierwelt. Blutgeruch ist für Raubtiere unwiderstehlich. Löwen zum Beispiel lecken zunächst das Blut von der Beute. Das bringt sie erst richtig auf den Geschmack. Nichts kann sie mehr abhalten, das Opfer anschließend zu fressen. Die Raubkatzen haben Blut geleckt und wollen mehr. Genau wie wir.

Darf man Schlafwandler wecken?

HÖRERSPASS AM TELEFON

Nur wenn sie die Wohnung leer räumen!

Schlafwandler darf man auf keinen Fall wecken. Da der Schlafwandler selbst sein Verhalten nicht bewusst erlebt, würde er verstört und unberechenbar reagieren, wenn wir ihn abrupt in die reale Welt zurückholen. Andererseits sollte man ihn aber auch nicht seinem Schicksal überlassen. Denn: Mit der sogenannten schlafwandlerischen Sicherheit ist es nicht weit her. Forscher fanden heraus, dass sich Schlafwandler wenig koordiniert bewegen. Trotz geöffneter Augen können sie nicht erkennen, was ihnen im Weg steht und wo dieser zu Ende ist. Also, Schlafwandler am besten sanft berühren und zurück ins Bett bringen. Und keine Angst, dass Schlafwandler dabei handgreiflich werden. Das passiert wirklich nur ganz selten.

Warum stehen uns die Haare zu Berge, wenn wir Angst haben?

HÖRERSPASS AM TELEFON

Damit es nicht um ein Haar danebengeht!

Am liebsten würden wir einfach nur abhauen, wenn wir Angst bekommen. Weil das aber nicht immer geht, hält unser Körper andere, unbewusste Reaktionen bereit. Und so geht das: Unsere Haare sind, ganz egal wo sie wachsen, über die Haarwurzel mit kleinen Muskeln in der Unterhaut verankert. Diese Muskeln wiederum, und das ist das Besondere, können wir nicht steuern. Wenn wir Angst haben oder uns kalt wird, dann straffen sich die Muskeln, ziehen automatisch am Haar und richten es von unten auf: Uns stehen die Haare zu Berge.

Warum ist Gähnen ansteckend?

HÖRERSPASS AM TELEFON

Damit Politiker wissen, wann sie aufhören sollen!

Die populärste Antwort auf diese Frage, bezieht sich auf unsere Vorfahren. Bei den Urmenschen war es überlebenswichtig, in der

Gruppe einen gemeinsamen Tag- und Nachtrhythmus zu finden. Und so sollen sich schon die Jäger und Sammler über das Gähnen darüber verständigt haben, wann es zum Beispiel Zeit war, sich schlafen zu legen. Für das Ansteckungsphänomen ist ein Netz aus Nervenzellen verantwortlich. Die sogenannten Spiegelneuronen übersetzen uns die Gesten und Gesichtsausdrücke unserer Mitmenschen. Dadurch sind wir in der Lage, uns in andere Menschen hineinzuversetzen. Beim Gähnen fühlen viele Menschen so stark mit, dass sie sich gleich davon anstecken lassen.

Wieso sind wir nicht kitzlig, wenn wir uns selbst kitzeln?

HÖRERSPASS AM TELEFON

Einfach zu langweilig!

Beim Kitzeln leiten Berührungsrezeptoren in der Haut den Reiz über Nervenbahnen an das Gehirn weiter. Das Kleinhirn arbeitet dabei wie eine Art Filter, es erstellt eine Prioritätenliste und unterscheidet zwischen wichtigen und weniger wichtigen Reizen. Als wichtig stuft unser Gehirn Reize ein, die von außen kommen, weil alles Fremde ein möglicher Feind sein kann, wie zum Beispiel die Berührung durch eine giftige Schlange. Da wir uns kaum selbst bedrohen können, werden Berührungen durch den eigenen Körper als unwichtig erkannt und die entsprechenden Nervensignale gedämpft. Deshalb können wir uns nicht selbst durchkitzeln.

Warum werden wir vom eigenen Schnarchen nicht wach?

HÖRERSPASS AM TELEFON

Sonst würden die Ehemänner hören, wie die Ehefrauen meckern!

Schlaf ist lebenswichtig. Solange ein störendes Geräusch als ungefährlich eingestuft wird, hilft uns unser Körper, es zu ignorieren. Dafür gibt es drei Möglichkeiten: Erstens, wir bauen das Geräusch in unseren Traum ein. Beim Weckerklingeln träumen wir dann zum Beispiel, dass ein Telefon klingelt. Zweitens, unser Körper ist in der Lage, ein Geräusch in einen Reflex umzuleiten. Wir hören zum Beispiel das Weckerklingeln, werden davon aber nicht wach, sondern strampeln mit den Beinen. Und bei der dritten Möglichkeit haben wir uns einfach so sehr an das Geräusch gewöhnt, dass wir es ignorieren können. Wer schon einmal an einer stark befahrenen Straße gewohnt hat, kennt das: Irgendwann hört man die LKWs beim Schlafen nicht mehr vorbeidonnern. Und genauso geht es den Schnarchern.

Wieso brennt scharfes Essen im Mund?

HÖRERSPASS AM TELEFON

Damit der Schnaps danach wie eine Erlösung ist!

Schärfe können wir nicht direkt schmecken. Denn: Wir haben keine Geschmacksrezeptoren für scharf. Die gibt es lediglich für süß, salzig und bitter. Die Schärfe einer Speise nehmen wir nur über einen Umweg wahr. Und der heißt Schmerz. Scharf Gewürztes erzeugt nämlich beim Essen hohe Temperaturen. Die wiederum erzeugen Schmerz und der wird mit den Sinneszellen ans Gehirn weitergeleitet. Jetzt beginnt der Mund zu brennen. Und wir greifen zum Glas Wasser. Aber das ist keine gute Wahl. Dadurch verteilt sich das Brennen eher noch im Rachenraum. Viel besser sind Fette. Mit Milchprodukten, zum Beispiel Joghurt, wird die Schärfe schnell gemildert.

Machen Weisheitszähne schlau?

HÖRERSPASS AM TELEFON

Kommt drauf an, ob der Zahnarzt Ahnung hat!

Weisheitszähne machen weder schlau noch dumm. Sie sind heutzutage einfach nur überflüssig. Das war nicht immer so. So aßen zum Beispiel die Urmenschen getrocknetes Fleisch, das war so zäh, dass die normalen ersten und zweiten Backenzähne oder Molare mit ihrer Kauweisheit bald am Ende waren. Die zusätzlichen dritten Molare waren also für das Überleben unserer Vorfahren notwendig. Als letzte Reserve brachen sie meist erst nach dem 18. Lebensjahr durch. Dann, wenn man schon erwachsen und weise sein sollte.

Wieso haben die Wände Ohren?

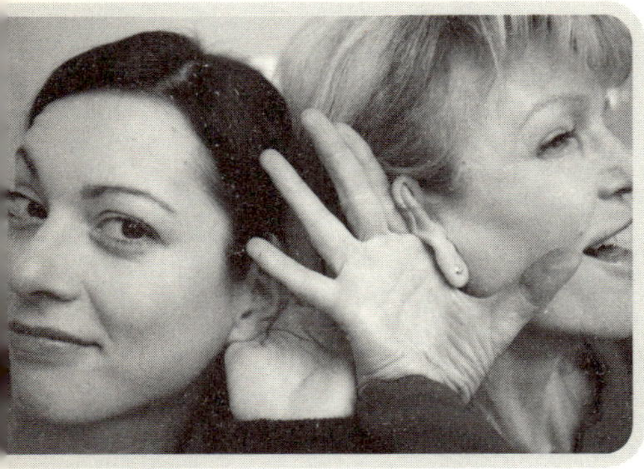

HÖRERSPASS AM TELEFON

Wenn sie Augen hätten, würden sie im Schlafzimmer ständig rot werden!

Diese Redensart verdanken wir Katharina von Medici. Die zwar äußerlich unattraktive, aber gewitzte und gerissene Prinzessin aus Florenz wurde durch Heirat 1547 zur Königin von Frankreich. Sie führte nicht nur beim Reiten den Damensattel ein und trug als erste einfache Unterhosen unter der aufwändigen Prunkgarderobe, sondern hatte auch politisch die Hosen an. Damit das auch so blieb, ließ Katharina von Medici unsichtbare Horchkanäle in den Louvre einbauen. Damit konnte sie aus verschiedenen Zimmern hören, was man am Hofe über sie sprach. Auf diese Weise vereitelte die Regentin mehrere Mordanschläge, für die sie als Opfer auserkoren war. Sie hatte das Ohr an der richtigen Wand.

Warum bekommen wir eine Gänsehaut, wenn wir zu heiß baden?

HÖRERSPASS AM TELEFON

Elefanten passen nicht in die Badewanne!

Gänsehaut bei Hitze. Das ist ganz schön paradox. Und so heißt auch der Fachbegriff für dieses Phänomen: paradoxe Kälteempfindung.

Aber was geschieht nun genau, wenn wir in die heiße Badewanne steigen? Die ganze Sache funktioniert nur dann, wenn das Wasser erstens 40 Grad warm ist und wenn wir zweitens schnell hineinsteigen. Dann nämlich verwirren wir den Körper. Unsere Kältesensoren liegen näher an der Hautoberfläche als die Wärmesensoren. Also melden die Kältepunkte die plötzliche Temperaturänderung zuerst ans Gehirn. Logische Reaktion: Wir bekommen eine Gänsehaut. Allerdings nicht lange, dann merkt das Gehirn diesen Irrtum.

Wieso kommt die Rot-Grün-Blindheit fast nur bei Männern vor?

HÖRERSPASS AM TELEFON

Weil Frauen die besseren Autofahrerinnen sind!

Die Rot-Grün-Blindheit ist eine reine Erbkrankheit, denn die Anlage dafür, die Farben Rot und Grün nicht voneinander unterscheiden zu können, liegt auf einem Geschlechtschromosom, dem X-Chromosom. Da Männer nur ein X-Chromosom haben, kann die Krankheit nicht durch ein zweites »intaktes« X-Chromosom aufgehalten bzw. ausgeglichen werden. Genau das ist bei Frauen der Fall. Sie haben zwei X-Chromosomen. Auch sie können theoretisch die Rot-Grün-Blindheit bekommen, aber nur dann, wenn beide X-Chromosomen die Anlage für die Farbfehlsichtigkeit haben, und das ist sehr selten.

Wieso hat der Mensch zwei Nasenlöcher?

HÖRERSPASS AM TELEFON

Damit man stereopopeln kann!

Doppelt macht stark – auch bei Nasenlöchern. Und das aus zwei guten Gründen. Der erste: Bei Schnupfen helfen sich unsere Nasenlöcher gegenseitig. Sie können sich abwechselnd regenerieren. Während eines meist frei bleibt und uns riechen und atmen lässt, kann das Verstopfte in Ruhe heilen. Der zweite Grund: Zwei Nasenlöcher unterstützen das räumliche Riechen. Das heißt, wir können Gerüche aus zwei Richtungen gleichzeitig wahrnehmen. Dies Talent ist zwar beim Menschen nur schwach ausgeprägt, kann aber durch Training stark verbessert werden. Und dann klappt's auch mit dem Stereo-Riechen.

Wieso bekommen wir im Solarium einen weißen Fleck über dem Po?

Zum Braunwerden sind drei Dinge wichtig: der hauteigene Farbstoff Melanin, UV-A-Strahlen und Sauerstoff. Auf der Sonnenbank liegt unser Körper vor allem mit dem Steißbein auf. Auf diese Stelle wird beim Liegen der größte Druck ausgeübt, der wiederum hemmt die Durchblutung. Da unser Blut den für die Bräunung wichtigen Sauerstoff jetzt nicht mehr richtig zum Steißbein transportieren kann und der Sauerstoff fürs Braunwerden wichtig ist, bleibt diese Körperstelle weiß.

Warum leben manche auf großem Fuß?

HÖRERSPASS AM TELEFON

Der Fußschweiß verteilt sich besser!

Die Redewendung »auf großem Fuß leben« stammt aus dem Mittelalter. Der französische Graf von Anjou war ein sehr reicher Mann, der großes Ansehen genoss. Allerdings hatte er auch ein großes Problem: Plattfüße! Außerdem soll er am Fuß eine dicke Geschwulst gehabt haben. Da er damit nicht in normale Schuhe passte, ließ er sich von einem Schuster riesige schnabelförmige Modelle anfertigen. Wenn er sich mit ihnen in der Öffentlichkeit zeigte, erregte er viel Aufsehen. Der Graf von Anjou war zweifelsfrei sehr reich und konnte es sich eben leisten, in extravaganten Schuhen auf großem Fuß zu leben.

Warum drücken wir ein Auge zu?

HÖRERSPASS AM TELEFON

Weil man auch mit dem ersten gut sehen kann!

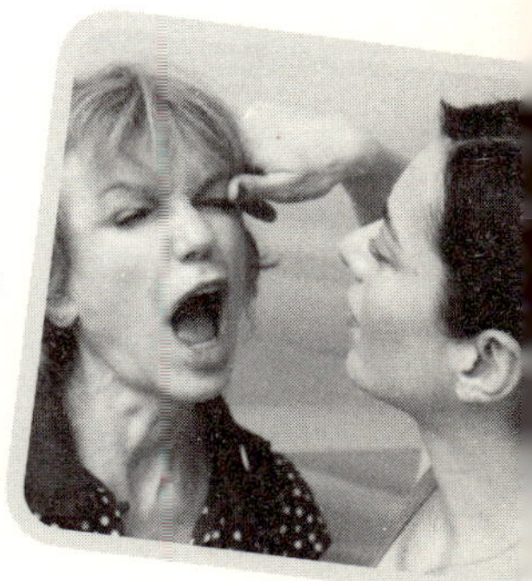

Ein Auge drücken wir schon sehr lange zu. Bereits in der Antike wurde dem Auge als »Wächter über die Gerechtigkeit« besondere Bedeutung beigemessen. Populär wurde die Wendung »denn das Auge des Gesetzes wacht« im 18. Jahrhundert. Friedrich Schiller hat sie in seinem »Lied von der Glocke« verwendet. Wenn die Hüter des Gesetzes nun ein Auge zudrückten, dann waren sie nicht mehr richtig in der Lage, Rechtsverstöße zu sehen. So wurden in den bäuerlichen Rechtssatzungen die Richter manchmal sogar angewiesen, einen einäugigen Polizisten mit einem einäugigen Pferd loszuschicken, mit anderen Worten: Er sollte manchmal Gnade vor Recht ergehen lassen, also ein Auge zudrücken.

Warum bleibt uns der Bissen im Hals stecken?

HÖRERSPASS AM TELEFON

Kleine Reserve für den Nachmittag!

Die Redewendung »jemandem bleibt der Bissen im Halse stecken« stammt aus dem Mittelalter. Wenn einem vermeintlichen Übeltäter seine Tat nicht bewiesen werden konnte, wurden oft sogenannte Gottesurteile herangezogen. Der Beschuldigte musste eine Probe bestehen; wurde er dabei von Gott geschützt, galt seine Unschuld als bewiesen. So ein Gottesurteil bestand zum Beispiel darin, einem Beschuldigten ein großes Stück trockenes Brot in den Mund zu schieben. Das musste er schlucken, ohne zu kauen. Blieb es im Hals stecken, glaubte man, Gott habe ihm nicht beigestanden und der Angeklagte galt als schuldig.

Warum setzen wir jemandem Hörner auf?

HÖRERSPASS AM TELEFON
Weil Männer sowieso Ochsen sind!

Schon im Alterum vor mehr als dreitausend Jahren setzte man sich gegenseitig Hörner auf. Damals stand die Redensart allerdings ganz allgemein fürs Verspotten und beide Geschlechter wurden gleichermaßen bedacht. Das änderte sich jedoch im Mittelalter. Bald wurde nur noch der betrogene Ehemann zum Gehörnten. Die Gelehrten streiten sich bis heute heftig, welches Tier der Ursprung dafür ist. Hahn, Ochse und Hirsch sind dabei nach wie vor im Rennen, aber an der Spitze läuft der Ziegenbock. Hirten beobachteten nämlich, dass Ziegenböcke beim Streit ums Weibchen sehr tolerant sind. Der Sieger deckt zwar als erster die Auserwählte, aber danach darf sich auch der Verlierer vergnügen. Und seitdem tragen betrogene Ehemänner eben Ziegenhörner.

Warum brennt uns etwas auf den Nägeln?

HÖRERSPASS AM TELEFON
Weil darunter kein Platz mehr ist!

Auch wenn es noch so auf den Nägeln brennt, genau weiß man nicht, woher diese Redewendung kommt. Zwei Erklärungen dafür sind besonders heiß. Die erste: Beim Foltern im Mittelalter war man nicht zimperlich. Wer mit der Sprache nicht herausrücken wollte, dem wurden glühende Kohlen auf die Nägel gelegt. Zweitens: Wenn die Mönche zur Messe gingen, wollten sie diese natürlich auch mitlesen. Leider war es in den Kapellen aber oft zu dunkel dafür. Also klebten die Mönche Kerzen auf ihre Daumennägel. Ungemütlich wurde es allerdings, wenn die Messe länger dauerte als die Kerzen lang waren, dann brannte es den Mönchen gehörig auf den Nägeln.

Warum sind wir manchmal splitterfasernackt?

HÖRERSPASS AM TELEFON

Sex sells!

Schon im Mittelalter konnten die Menschen splitternackt oder splitterfasernackt sein. Das hatte nichts damit zu tun, dass sie keine Kleidung, keine Faser mehr am Leib hatten. Vielmehr kommt der Begriff aus dem Forstbereich bzw. der Holzverarbeitung. Um das wertvolle Kernholz im Inneren eines Baumstammes befindet sich das Splintholz. Beim Verarbeiten des Stammes wird die Rinde mit dem Splint so lange abgeschält, bis er absolut glatt ist. Erst dann ist er splinternackt. Wir sagen heute splitternackt oder auch splitterfasernackt.

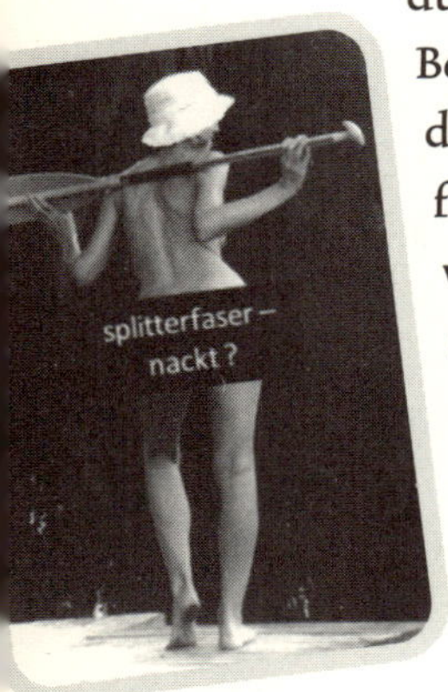

Wer ist ein Schlitzohr?

HÖRERSPASS AM TELEFON

Aus dem Club der goldenen Schlitzohren!

Wo die Wendung ursprünglich herkommt, ist nicht sicher geklärt. Einige Experten führen sie auf Gesellen bestimmter Zünfte zurück. Diese trugen goldene Ohrringe. Benahmen sie sich unzünftig, verstießen sie also gegen die Regeln der Zunft, dann wurde ihnen der Ohrring ausgerissen. Wahrscheinlicher ist allerdings die zweite Erklärung. Danach kommt die Wendung aus dem Mittelalter. Um Verbrecher für alle sichtbar zu kennzeichnen, wurden sie vor Gericht zu Schlitzohren verurteilt.

Warum packen wir die Gelegenheit beim Schopfe?

HÖRERSPASS AM TELEFON

Weil sonst alles für den »A ...« ist!

Schon die alten Griechen packten die Gelegenheit beim Schopfe. Als Schnäppchenjäger der ersten Stunde hielten sie ständig Ausschau nach dem geflügelten Gott der günstigen Gelegenheit. Der nannte sich Kairos und flitzte ständig hin und her. Wenn man ihn sah, war er auch schon fast wieder weg. Da gab es nur ein Mittel, um ihn festzuhalten: den schnellen Griff an seinen langen Haarschopf. Der befand sich aber am Vorderkopf, der Hinterkopf war kahl. Daraus folgte: Einmal vorbeigesaust, konnte man den Gott der günstigen Gelegenheit nicht mehr fassen. Und so ist es bis heute geblieben.

Wieso schlafen manchmal unsere Füße und Arme ein?

HÖRERSPASS AM TELEFON

Machen mal Pause!

Wenn Füße oder Arme anfangen zu kribbeln und manchmal sogar ganz taub werden, dann hat das nichts mit abgeklemmten Blutgefäßen zu tun. Dafür verantwortlich sind meist Nervenbündel, deren Reizübertragung wir durch unsere Liege- oder Sitzhaltung empfindlich stören. Was beim Gehirn ankommt, ist nur noch verstümmelt und wir bekommen in Füßen, Beinen oder Armen die Rechnung dafür präsentiert. Da hilft nur schütteln und reiben und dann: Öfter mal die Position wechseln.

Woher hat der Adamsapfel seinen Namen?

HÖRERSPASS AM TELEFON

Einfach Eva fragen!

Gehen wir den Adamsapfel erst einmal medizinisch an: So gesehen ist er ein Teil des Kehlkopfes, und zwar sind es die Schildknorpel. Sie schützen die Stimmbänder und den Eingang zur Luftröhre. Schauen wir uns jetzt die Namensherkunft an. Hier die Legende dazu: Adam und Eva lebten glücklich im Paradies. Da kam die Schlange. Sie verführte die beiden. Eva und Adam bissen in den Apfel der Erkenntnis. Leider blieb Adam ein Bissen im Halse stecken. Jeder konnte ihn sehen und man nannte diese Stelle Adamsapfel. Klingt schön, stimmt aber nicht. So ist der richtige Ursprung: Das alte hebräische Wort für Schildknorpel ist gleichzeitig auch das Wort für Apfel. Und weil dieser Apfel eben nur beim Manne deutlich sichtbar ist, steht vor dem Apfel das hebräische Wort für Mann. Und das ist Adam. So ist der Adamsapfel der Schildknorpel des Mannes.

Mit wem stecken wir unter einer Decke?

HÖRERSPASS AM TELEFON

Kommt drauf an, wer mit unter der Bettdecke liegt!

Nur eine Decke wird ganz schön knapp für die Erklärungen. Denn überliefert sind insgesamt drei. Die erste finden wir beim sogenannten Rasengang der alten Germanen. Dabei trafen sich Waffenbrüder unter einem aufgespießten Rasenstück und schworen sich Treue, bis dass der Rasen sie deckt, also bis in den Tod. Die zweite Decke stammt vom mittelalterlichen Ehesprung. Dabei mussten sich die Brautleute öffentlich die Bettdecke über den Kopf schlagen. Erst dadurch wurde die Ehe rechtskräftig. Und für die dritte Erklärung kuscheln die alten Rittersleut. Weil nämlich auf der Burg so wenig Platz war, schliefen die Helden zu zweit und teilten sich ein Laken. Kämpften sie dann später auch gemeinsam, steckten sie eben auch bei der Schlacht unter einer Decke.

Warum bewachen wir etwas mit Argusaugen?

Argus war der nimmermüde Diener der griechischen Göttin Hera. Er hatte überall am Körper Augen. Wenn er schlief, dann schloss er immer nur ein paar Augen und spähte mit den anderen argwöhnisch umher. Das ging dem Göttervater Zeus gehörig auf den Keks, weil der des Nachts gerne mal einen Seitensprung machte. Also ließ Zeus den Riesen heimtückisch erschlagen. Hera war untröstlich darüber und setzte dem treuen Diener gleich doppelt ein Denkmal: Wenn der Pfau sein Rad schlägt blicken uns die Augen des Riesen im Federkleid entgegen. Und wenn wir anderen Menschen misstrauen, beobachten wir sie noch heute mit Argusaugen.

Wer gibt seit wann Fersengeld?

HÖRERSPASS AM TELEFON

Steuerflüchtlinge schon immer!

Am Fersengeld scheiden sich die Geister. Drei Erklärungen liefern sich ein Kopf-an-Kopf-Rennen. Die erste: Das letzte, was der Wirt von einem Zechpreller sah, waren seine Fersen. Das einzige Geld, was er bekam, war das Fersengeld. Erklärung Nummer zwei: Wollte ein Mann sich im Mittelalter scheiden lassen, musste er seiner Frau eine junge Kuh, also eine Ferse, überlassen. Hatte er keine, zahlte er bar – Fersengeld. Und noch eine Erklärung: Wem früher die Häscher auf den Fersen waren, der ließ ein paar Münzen fallen. So wurden die Jäger zu Sammlern und wir bekommen Fersengeld Nummer drei.

Würde es unser Körper aushalten, ständig verliebt zu sein?

HÖRERSPASS AM TELEFON

Arnis Körper schon!

Wenn wir uns verlieben, explodieren die Hormone. Dopamin, Adrenalin, Endorphin, Cortisol und Testosteron sorgen als Botenstoffe für Herzklopfen, Glücksrausch, Wohlbefinden und natürlich Lust auf Sex. Der Serotoninspiegel im Körper allerdings sinkt. Genau wie bei vielen psychischen Erkrankungen. Deshalb gelten auch Verliebte zeitweise als unzurechnungsfähig. Das wiederum könnten wir tatsächlich auf Dauer nicht aushalten. Also fährt der Körper als Selbstschutz diesen Zustand spätestens nach drei Jahren herunter. Und was macht man dann? Entweder heiraten oder Schluss.

Wieso reibt man sich die Augen, wenn man müde ist?

HÖRERSPASS AM TELEFON

Woanders reiben macht munter!

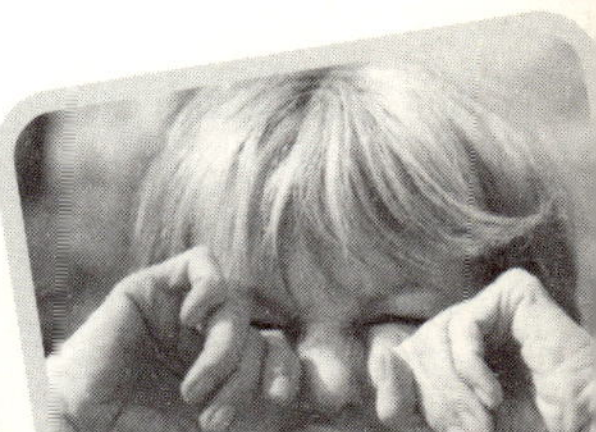

Wenn wir müde werden, schaltet unser Körper auf Ruhe um. Ob wir wollen oder nicht. Dazu gehört auch, dass weniger Tränenflüssigkeit produziert wird. Wenn wir dann die Augen schließen und schlafen, ist alles in Ordnung. Machen wir das nicht und bleiben wir wach, streikt die Tränendrüse. Der schützende Tränenfilm, der normalerweise auf der Hornhaut liegt, reißt auf. Dadurch werden die Augen trocken und fangen an zu jucken. Wenn wir jetzt die Augen reiben, dann spüren wir zwar durch den mechanischen Reiz kurz Linderung, aber die Tränendrüsen streiken trotzdem weiter. Da hilft nur eines: Schlafen.

Warum bewegen wir uns im Schlaf?

HÖRERSPASS AM TELEFON

Am Tage sind wir zu faul dafür!

Selbst wer in seinen Träumen wilde Phantasien mit Angelina Jolie und Brad Pitt durchlebt, wälzt sich im Bett nicht mehr herum als zum Beispiel der Schäfchenzähler. Während unser Gehirn im Schlaf auf Turboantrieb schaltet, sind die Muskeln in der Traumschlafphase komplett gelähmt. Andernfalls würden wir unsere Träume ausleben und ständig aus dem Bett fallen. Trotzdem drehen wir uns in der Nacht einige Male hin und her. Und das kommt so: Unser Körpergewicht quetscht beim Liegen feine Äderchen in der Haut ab. Damit die wieder mit Sauerstoff versorgt werden, befiehlt das Gehirn: Stellung wechseln. Und das machen wir dann.

Warum ist manchmal alles zappenduster?

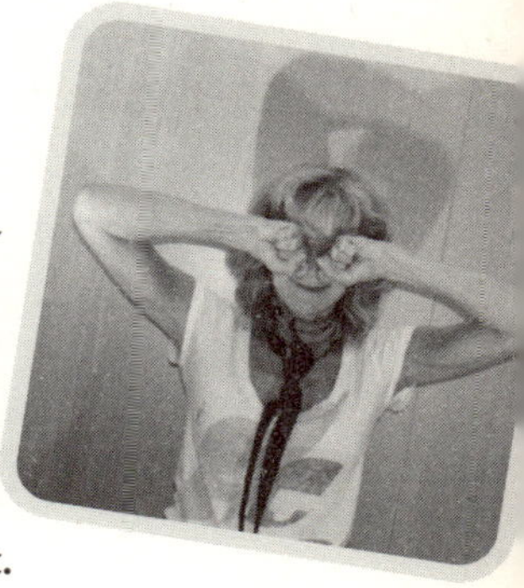

HÖRERSPASS AM TELEFON

Weil es zappenhell nicht gibt!

Zwei Erklärungen sind dafür bekannt. Für die eine werden wir zum Philologen, also zum Sprachforscher. Für die andere gehen wir in die Kneipe. Zuerst die Wissenschaft. »Zappen« kommt vom rotwelschen Wort »zofon«, das wiederum hat seinen Ursprung im hebräisch-jiddischen »zophon« und bedeutet Mitternacht. Zappenduster könnte also übersetzt heißen: So dunkel wie um Mitternacht. Und jetzt der besondere Kneipengang. Im späten Mittelalter, zur Zeit der Landsknechte, wurde, wenn es dunkelte, im Kriegslager kein Alkohol mehr ausgeschenkt. Das Zeichen dafür setzte der Zappen-oder Zapfenstreich. Zappenduster heißt also in diesem Fall: So dunkel wie nach dem Zapfenstreich.

Woher kommt die Ohrfeige?

HÖRERSPASS AM TELEFON

Aus der hohlen Hand!

Ohrfeige und Backpfeife haben eines gemeinsam: Sie tun weh. Weitere sprichwörtliche Beziehungen sind nicht überliefert. Das Wort Ohrfeige stammt aus dem Mittelhochdeutschen und ist wahrscheinlich eine Verballhornung von »oorveeg«, was so viel wie Hieb auf das Ohr bedeutet. Die Backpfeife soll ihren Ursprung bei den

Bäckern haben. Im 15. Jahrhundert war es in mancher Stadt nur erlaubt, Gebäck bis zwölf Uhr mittags zu verkaufen. Der Rest musste wieder mitgenommen werden. Das sah der Handwerksmeister natürlich gar nicht gern. Er langte dem Gesellen eine und sagte: »Dir back ich eins und pfeif dazu.« Der Volksmund hat daraus die Backpfeife gemacht.

Wie viele Sinne haben wir Menschen?

HÖRERSPASS AM TELEFON

Manchmal nicht alle beisammen!

Schon vor 2400 Jahren entdeckte Aristoteles diese fünf Klassiker: Hören, Sehen, Riechen, Schmecken und Tasten. Mittlerweile hat die Wissenschaft aber einiges mehr zu bieten. Manche Experten sprechen von bis zu 13 Sinnen. Einig ist man sich auf jeden Fall über acht. Zu den fünf Gesetzten kommen erstens: der Gleichgewichtssinn. Er sitzt im Innenohr und lässt uns zum Beispiel oben und unten wahrnehmen. Zweitens: der Temperatursinn. Diesen finden wir in den Schleimhäuten der Haut. Er schützt uns unter anderem vor Verbrennungen und Erfrierungen. Drittens: die Körperempfindung. Sie wird auch Tiefensensibilität genannt und sorgt dafür, dass wir wissen, wo wir gerade sind. Hätten wir sie nicht, müssten wir zum Beispiel beim Laufen immer genau hinsehen, ob unsere Füße den Boden berühren oder nicht. Und das wiederum macht Sinn.

Warum sind Holzaugen wachsam?

HÖRERSPASS AM TELEFON

Weil der Einäugige unter den Blinden auch mit Holzauge im Vorteil ist!

Zwei Erklärungen liefern sich hier ein Kopf-an-Kopf-Rennen. Die erste setzt auf eine besondere Art von Schießscharten. Dazu wurden im Mittelalter hölzerne Kugeln als Augen in Burgmauern eingelassen. Wer am Holzauge seinen Dienst versah, musste besonders wachsam sein. Die zweite Erklärung kommt aus dem Schreinerhandwerk. Holzaugen, also Stellen im Holz, an denen einmal ein Ast aus dem Stamm kam, sind viel härter als ihre Umgebung. Da drohte Gefahr für den Hobel. Die Klinge konnte stumpf werden oder ganz herausbrechen. Und so rief der Meister dem Lehrling zu: »Holzauge. Sei wachsam!«

Wieso küssen wir uns auf den Mund?

HÖRERSPASS AM TELEFON

Irgendwo muss man ja anfangen!

Die Antwort darauf ist tatsächlich so variantenreich wie die Kusstechniken selbst es sind. Es könnte etwas damit zu tun haben, wie unsere Vorfahren den Nachwuchs fütterten, nämlich von Mund zu Mund. Vielleicht stand am Anfang auch ein

Biss, der vom Schmerz immer mehr zur Lust wurde. Möglich ist auch, dass sich alles aus dem Brust-Saug-Reflex der Babys entwickelte. Wie auch immer: Der Kuss ist nicht nur liebevoll, sondern auch gesundheitsfördernd, denn er stärkt Herz und Immunsystem. Je nach Kussintensität bewegen wir bis zu 34 Gesichtsmuskeln. Am bekanntesten ist der Zungenkuss. Dabei drehen zwei Drittel der Menschen den Kopf nach rechts. Übrigens: Auch Orang Utan und Zwergschimpanse küssen mit Zunge. Allerdings nicht so lang wie wir. Unser Rekord steht bei 33 Stunden.

6. KAPITEL

Zum Schluss noch ein Abstecher!

Warum machen wir einen Abstecher?

HÖRERSPASS AM TELEFON

Am besten Jack the Ripper fragen!

So ganz einig ist man sich nicht, warum ein Nebenausflug auch Abstecher genannt wird. Zwei Erklärungen sind dabei führend. Die erste: Ausflüge auf dem Wasser waren immer schon etwas Besonderes. Um das Boot aber in gleitfähige Tiefe zu bekommen, musste man einen Stab in den schlammigen Boden einstechen, damit man sich abstoßen konnte. Aus einstechen und abstoßen wurde der Abstecher. Die zweite Erklärung: Hieb und Stichwaffen waren früher nicht nur beim Militär, sondern auch bei reichen Bürgern und Adligen sehr beliebt. Gern protzte man spielerisch voreinander mit der eigenen Treffsicherheit. Wer trotzdem danebenzielte, stach vom vorgegebenen Weg ab. Er machte einen Abstecher.

Warum gehen Frauen meist zu zweit auf die Toilette?

HÖRERSPASS AM TELEFON

Drei sind eine zu viel!

Repräsentative und wissenschaftlich fundierte Untersuchungen zu diesem Phänomen sind uns zwar nicht bekannt, aber Internet-Re-

cherchen und ganz persönliche Erkenntnisse lassen insgesamt vier Gemeinschafts-Pipi-Gründe vermuten.
Erstens: Sobald Frau im Restaurant aufsteht, wird sie vom Mann taxiert. Dieser Urtrieb des Mannes weckt in uns einen anderen: Solidarität.
Zweitens: Die Schlangen vor den stillen Örtchen sind oft sehr lang. Quatschen verkürzt die Zeit. Gern werden dabei die anwesenden Männer durchgehechelt, andere Frauen belächelt und der letzte Schuhkauf in allen Einzelheiten dargestellt.
Drittens: Nach dem Geschäft erfolgt ein Klamotten- und Make-up-Check. Von vorn können wir das selbst. Für hinten brauchen wir die Freundin.
Und schließlich viertens: Weil die anwesenden Ehemänner nie genau wissen, worüber wir gerade mit der Freundin palavert haben, sind sie besonders liebenswert und der Abend wird schön.

Woher kommt der »urste« Kunde?

Experten stufen das Wort »urst« als typisch ostdeutsches Wort ein. Tatsächlich wurde es vor allem in der DDR gebraucht und heute finden wir es sogar im Lexikon der bedrohten Wörter. Das alles deutet darauf hin, dass »urst« eine Schöpfung der DDR ist. Das stimmt aber nicht, denn ursprünglich stammt es aus dem Französischen und wurde sogar im 18. Jahrhundert bei Hofe gesprochen. »Urst« leitet sich von »ours« ab, das so viel wie »Bär« bedeutet. Vor allem der sächsische und preußische Adel hatte Gefallen an dem Wort gefunden, es wurde als Ausdruck des Erstaunens verwendet – wir würden vielleicht im Hochdeutschen »bärenstark« sagen, aber das klingt nicht so schön wie »urst«.

Warum ist Wasser durchsichtig?

Wasser besteht, wie andere Stoffe auch, aus Molekülen. Diese Moleküle sind immer in Bewegung. Sie schwingen hin und her. Der Lichtstrahl, der auf das Wasser trifft, schwingt auch. Das Tolle daran: Er schwingt auf der gleichen Welle wie die Wassermoleküle. So hangelt sich der Lichtstrahl an den Wassermolekülen vorbei, bleibt nirgends stecken und das Wasser ist durchsichtig. Bei vielen anderen Stoffen klappt das nicht. Metallmoleküle zum Beispiel schwingen ganz anders und der Lichtstrahl prallt ab.

Was ist dasselbe in Grün?

HÖRERSPASS AM TELEFON
Alle meine Kleider!

Dasselbe in Grün ist ursprünglich ein Auto. Und das kam so: Opel setzte 1924 als erster deutscher Automobilhersteller auf Serienproduktion. Am Fließband entstand der Kleinwagen Opel 4/12 PS. Im Volksmund wurde er Laubfrosch genannt, weil man ihn nur in einer

Farbe bestellen konnte: Grün. Aber der Laubfrosch war kein Original. Er war die Kopie des französischen Citroen 5CV aus dem Jahre 1921. Den gab es aber nur in Gelb. Und deshalb ist Opels Kopie dasselbe in Grün.

Warum werden Kondome auch Pariser genannt?

HÖRERSPASS AM TELEFON

In Berliner würde man ja sofort reinbeißen!

Casanova und die Franzosenkrankheit sind die Väter des Parisers. Franzosenkrankheit oder französische Pocken sind alte volkstümliche Bezeichnungen für die Syphilis. Unter den französischen Soldaten war sie im 18. Jahrhundert weitverbreitet und endete damals immer tödlich. Casanova wusste das und wollte sich bei seinen ausgedehnten amourösen Abenteuern in Frankreich davor schützen. Also benutzte er so etwas Ähnliches wie ein Kondom, hergestellt aus Tierdarm, Schafshaut und Stoff. Und es half gegen die Franzosenkrankheit. Seitdem nennen wir Kondome auch Pariser.

Wieso haben Männerfahrräder eine Querstange?

HÖRERSPASS AM TELEFON

Sieht gut aus!

Alles eine Frage der Tradition. Man könnte sagen: Männer wollten schon immer auf Nummer sicher gehen. Und die hohe Querstange macht das Fahrrad eben besonders sicher. Wie kommt das? Hersteller erklären es so: Das günstigste Verhältnis zwischen Stabilität und Gewicht entsteht, wenn Rahmen als Dreieck oder Raute, also gleichseitiges Viereck, gebaut werden. Nähme man die Querstange nun weg, würde ein Teil der bevorzugten Rautenform fehlen. Natürlich haben auch Frauenfahrräder eine Querstange, allerdings über dem Tretlagergehäuse, also viel niedriger. Und warum? Auch aus Tradition. Denn keine Radfahrerin ließ sich gern unter den Rock schauen.

Warum machen wir uns auf die Socken?

HÖRERSPASS AM TELEFON

Kniestrümpfe sind zu teuer!

Hier müssen wieder mal die alten Griechen und Römer ran. Und zwar wahrscheinlich die Weiblichen. Denn die Socke war eigentlich ein Schuh. Die Römer sagten »soccus« dazu. Und die Griechen »sykchos«. Dieser Schuh war flach, weich, filzig und sockenähnlich. Weil man schnell reinschlüpfen und loslaufen konnte, machte man sich eben auf die Socken. Sagen die einen. Andere leiten die Redensart von der Hasenpfote her. Der unterste Teil davon heißt Socke. Und weil der Hase nicht nur schmackhaft, sondern auch ängstlich ist, macht er sich öfter mal auf die Socken.

Wieso kommt etwas unter den Hammer?

HÖRERSPASS AM TELEFON

Weil es der Hammer ist!

Der Ursprung der Redewendung hat nichts mit dem Auktionshammer zu tun. Wir müssen zurück zu den alten Germanen. Die saßen nicht nur zu beiden Ufern des Rheins, sondern opferten auch ergeben ihrem Gott Donar. Donars Symbol war der Hammer. Damit beschützte er Ehe und Hütte der Menschen. Einerseits. Andererseits war Donar aber auch unerbittlich, wenn man seine Gebote missachtete. Dann holte er den Hammer raus und ließ ihn niedersausen. Ort des Geschehens: die germanische Gerichtsbarkeit, das Thing. Der Übeltäter und alles, was er besaß, kam so unter den Hammer.

Woher kommt der Sand am Strand?

Der Strandsand ist schon sehr alt und hat eine weite Reise hinter sich. Wenn wir uns die winzigen Sandkörnchen angucken, dann sehen wir, dass sie eigentlich kleine Steinchen sind. Ursprünglich gehörten sie zu den Bergen. Berge haben feine Risse. Wenn sich in den

Rissen Regenwasser sammelt und gefriert, dehnen sie sich immer weiter aus. Dadurch brechen einige Steine ab und kullern den Berg hinunter. Einige schaffen es bis zu den Gebirgsbächen. Von dort werden sie bis ins Tal gespült. Auf dieser Reise scheuern sich die Ecken und Kanten der Steine immer mehr ab, bis sie so klein sind wie Sandkörnchen. An den Flussmündungen wird der Sand nun ins Meer gespült und durch die Strömung und die Wellen an die Strände transportiert.

Warum legen wir etwas auf die hohe Kante?

HÖRERSPASS AM TELEFON

An die niedrige kommt ja jeder ran!

Zwei Erklärungen gibt es für diese Redewendung. Die erste ist naheliegend: Geldstücke wurden schon früher in Rollen verpackt. Damit konnte man die Groschen und Taler hochkant stellen. Die zweite Erklärung kommt als Anekdote: Friedrich der Große besuchte eines Tages seinen Stallmeister und sah auf der Kante eines Brettes viele Münzen liegen. Auf den fragenden Blick des Herrschers hin, sagte der Stallmeister: »Ick hab se uff de hohe Kante jelegt, wenn ick mal vor de Tür jesetzt werde.« Der Preußenkönig schüttelte den Kopf, schickte aber am nächsten Tag seinem Stallmeister weitere Taler. Und schrieb dazu: »Lege Er es ebenfalls auf die hohe Kante.«

Warum nehmen wir jemanden auf die Schippe?

HÖRERSPASS AM TELEFON

Schaufeln sind zu schwer!

Seit wann wir uns auf die Schippe nehmen, ist nicht genau überliefert. Am originellsten ist die Verbindung zum Polterabend. Da soll man ja bekanntlich erst Keramik und Porzellan runterschmeißen, damit später Braut und Bräutigam alles wieder schön mit Besen und Schippe zusammenfegen können. Sozusagen als Start in die gemeinsame Zukunft. Ab und zu dämmerte es aber am Polterabend zum Beispiel der Braut, dass der Zukünftige vielleicht doch nicht die beste Partie sei. Und weil es damals noch keine SMS gab, um dies kurz mitzuteilen, verweigerte sich die Holde dem Besen-Schippe-Ritual. Sie setzte das Kehrutensil dem Bräutigam vor die Tür. Und nahm ihn damit auf die Schippe.

Warum müssen Flugzeuge nicht mit den Flügeln schlagen?

Schauen wir uns mal einen Flugzeugflügel von der Seite an. Wir stellen fest: Er ist nach oben leicht gewölbt. Jetzt schalten wir Propeller oder Düsen ein. Das Flugzeug bewegt sich und die Luft streicht an den Flügeln vorbei. Aber aufgrund der Wölbung hat sie oben einen längeren Weg als unter den Flügeln. Das heißt: Die Luft ist oben schneller und staut sich unten. Dadurch wiederum entsteht unter den Flügeln ein größerer Druck als über den Flügeln. Resultat: Das Flugzeug steigt hoch und fliegt. Und muss nicht mit den Flügeln schlagen.

Warum klopfen wir dreimal auf Holz?

HÖRERSPASS AM TELEFON
Holzköpfe sind schwerhörig!

Eindeutig wissen wir nicht, woher diese Redensart kommt, aber es gibt zwei Favoriten. Die erste Geschichte: In Bergwerken wurden früher die Gänge mit Holzstempeln abgestützt. Um herauszubekommen, ob das Holz noch sicher war, klopfte man mit den Fingerknöcheln dagegen. Klang es dreimal hintereinander hell, dann war alles in Ordnung. Die zweite Geschichte: Wer früher vorlaut herumposaunte, wie viel Glück er doch bisher im Leben hatte, zog damit unweigerlich böse Geister an. Also musste eine Strategie her, um sie wieder zu vertreiben. Und die hieß: dreimal laut auf ein Holzkreuz klopfen. Die Zahl drei stand für Glück und Erfolg und mit Holz konnte man sich Gottes Hilfe sicher sein.

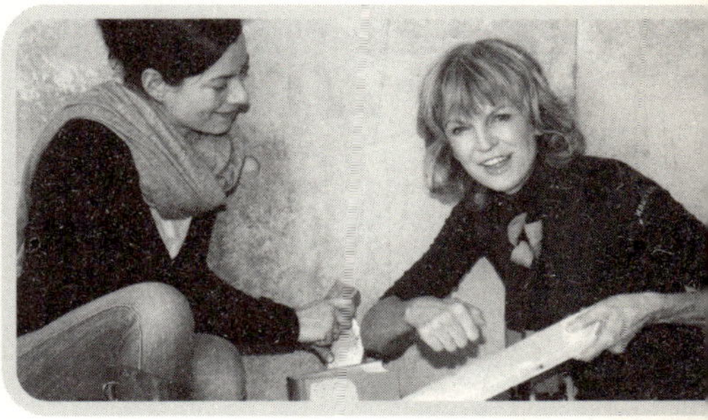

Warum gibt es im Herbst so viel Nebel am Morgen?

Schöne Herbsttage können den Boden und die Luft kräftig erwärmen. In der folgenden Nacht strahlen Luft und Boden diese Wärme wieder ab. Allerdings unterschiedlich schnell. Der Boden mehr, die Luft weniger. Das führt nun dazu, dass am Morgen der kältere Boden, die direkt über ihm liegende Luft abkühlt. Das heißt: Die unteren Luftschichten sind kühler als die oberen. Kalte Luft kann aber weniger Wasserdampf aufnehmen als warme. Der überschüssige Wasserdampf kondensiert und wird zu kleinen Tröpfchen. Und da haben wir ihn dann, den Nebel.

Warum haben wir nicht alle Tassen im Schrank?

HÖRERSPASS AM TELEFON

Weil wir einen Sprung in der Schüssel haben!

Wer nicht alle Tassen im Schrank hat, der hat natürlich die Weisheit nicht mit Löffeln gefressen. Weisheit oder Einsicht heißt aber in der jiddischen Poesie »toshia«. Aus »toshia« ist verballhornt später Tasse geworden. Und Tassen stehen eben normalerweise im Schrank. Soweit die erste Erklärung. Die zweite führt zurück ins Mittelalter.

In den Burg- oder Klosterküchen waren Tassen kleine Schälchen, in denen Kräuter für die Zubereitung von Speisen aufbewahrt wurden. Jedes Kraut hatte seine Tasse.

Schmeckte den Herrschaften nun ein Gericht nicht wie erwartet, hatte der Koch eben nicht genügend Tassen im Vorratsschrank.

Warum tragen wir die Armbanduhr links?

HÖRERSPASS AM TELEFON

Damit der Ehering nicht so auffällt!

Die Armbanduhr hat eine relativ kurze Geschichte. Erst im 20. Jahrhundert kam sie in Mode. Bis dahin war es nämlich chic, eine Taschenuhr zu benutzen. Als dann die Armbanduhr aufkam, wurde sie von den meisten Menschen von Anfang an links getragen. Warum?
Die heute in der Regel üblichen batteriebetriebenen Quarzuhren kamen erst in den 70er-Jahren auf. Bis dahin mussten die meisten Armbanduhren regelmäßig mit der Hand aufgezogen werden, und da es vor allem für Rechtshänder leichter war, sie mit der rechten Hand aufzuziehen, trugen sie ihre Uhr einfach links.

Woher hat der Smoking seinen Namen?

HÖRERSPASS AM TELEFON

Smoke on the water!

Es gibt große gesellschaftliche Anlässe und kleine. Dazu müssen auch Männer angemessen gekleidet sein. Mit dem großen oder klei-

nen Gesellschaftsanzug. Der große ist der Frack, der kleine ist der Smoking. Soweit zur Einordnung. Und der Name? Der entstand Mitte des 19. Jahrhunderts. Damals zog sich das starke Geschlecht gern zu politischen Gesprächen in Rauchersalons zurück. Damit nun der Rauch nicht zu sehr in ihre eigentliche Kleidung zog, warfen sich die Herren den Frauen zuliebe das Smoking-Jackett über. Der Smoking war also zu Beginn nur eine Raucherjacke. Übrigens heißt der Smoking in England Dinner Jacket und in den USA Tuxedo. Und noch ein Tipp: Sollten Sie demnächst eine Einladung erhalten, auf der bei Kleiderordnung »black tie« steht, dann kommen sie auf keinen Fall nur im schwarzen Schlips, sondern im Smoking.

Warum steckt Applaus an?

Der Applaus ist eine Massenbewegung. Massenbewegungen entstehen, wenn eine Bewegung von einem einzelnen Menschen gemacht wird und schnell Nachahmer findet. Psychologen haben herausgefunden, dass sich beim Klatschen die Menschen recht unsicher sind und deshalb gern anderen vertrauen, dass die Begeisterung an dieser Stelle auch angemessen ist. Und sie haben noch etwas entdeckt: Jeder Mensch hat zwei Applausgeschwindigkeiten, eine schnelle und eine langsame. Die schnelle ist individuell, aber die langsame ist der anderer Menschen sehr ähnlich. Deshalb klatschen am Anfang immer alle wild durcheinander und passen sich dann der langsamen gleichen Applausgeschwindigkeit an.

Wieso stehen wir manchmal zwischen Baum und Borke?

HÖRERSPASS AM TELEFON

Zwischen zwei Stühlen ist es nicht so bequem!

Das fragen wir am besten die Holzfäller. Motorsägen konnten die ja erst in den 50er-Jahren des vorigen Jahrhunderts nutzen. Äxte gehörten dagegen schon seit Tausenden von Jahren zur Ausrüstung der Holzfäller. Bereits in der Antike brauchte man viel Bau- und Heizholz fürs Gemeindewesen. Dafür zogen die Holzfäller in den Wald, um ihr Tageswerk zu tun. Auf den Weg nach Hause konnten sich einige allerdings nicht immer pünktlich machen. Die Axt war im Stamm steckengeblieben und es ging gar nichts mehr. Weder vor noch zurück. Und so steckte auch ihr Besitzer zwischen Baum und Borke.

Warum feiern wir nach allen Regeln der Kunst?

Woher die Redewendung »Nach allen Regeln der Kunst« ursprünglich kommt, ist nicht sicher geklärt. Mit hoher Wahrscheinlichkeit stammt sie aus der Zeit der Meistergesänge, also aus dem 15./16. Jahrhundert. Die Regeln der Kunst waren in der sogenannten »Tabulatur« festgeschrieben und galten für die Meistersinger als verbindlich. Einige Experten führen die Redewendung allerdings nicht auf die Meistersinger zurück, sondern auf den Preußenkönig Friedrich II. Er soll während des Siebenjährigen Krieges kurz vor einer Schlacht gesagt haben, er werde gegen alle Regeln der Kunst den Feind angreifen.

Was ist schon die halbe Miete?

HÖRERSPASS AM TELEFON

Verlobung!

Wahrscheinlich kommt die Redewendung »Das ist schon die halbe Miete« von den Kartenspielern. Hat ein Spieler beim Skat schon die Hälfte der Punkte, die zum Gewinnen nötig sind, beisammen, dann spricht er von der halben Miete. Es gibt noch eine zweite Erklärung. Sie stammt aus der Landwirtschaft. Früher lagerten die Bauern ihre Rüben und Kartoffeln neben dem Feld in Gruben. Diese Gruben wurden als »Miete« bezeichnet. War also die halbe Ernte schon eingefahren, bedeutete das schon die halbe Miete.

Woher kommt die Happy Hour?

HÖRERSPASS AM TELEFON

Vom Ballermann!

Die Happy Hour, also glückliche Stunde, war schon zu Beginn verboten gut. Sie soll nämlich in den USA während der Prohibition entstanden sein. Damals, in den 20er-Jahren des vorigen Jahrhunderts, gab es Alkohol nur in illegalen Bars. Diese waren zwar abends zum Bersten gefüllt, aber zwischen vier und sieben herrschte Flaute. Deshalb lockten die Barbesitzer die Kunden mit billigen, leichten Cocktails an den Tresen. Weil das gut funktionierte, blieb man einfach auch nach der Prohibition dabei. Aber Vorsicht beim Trinken, sonst wird die Happy Hour ganz schnell zur Blauen Stunde.

Woher kommt der Schürzenjäger?

HÖRERSPASS AM TELEFON

Aus der Besenkammer!

Den Schürzenjäger gibt es sprichwörtlich erst seit dem Beginn des 20. Jahrhunderts. Damals gab es immer mehr Frauen, die auch schon mal die Küchenschürze ablegten, um im Job ihr eigenes Geld zu verdienen. Das ging jedoch an vielen Männern, die auf Brautschau waren, einfach vorbei. Mit platten Schmeicheleien und lang erprobten Anmachsprüchen versuchten sie, auch bei den selbstbewussten Damen zu landen. Die hatten dafür aber nur Hohn und Spott über. Und entwickelten eine besonders subtile Art einen Korb zu geben: Sie drückten dem Schwerenöter die Schürze in die Hand.

Warum holen wir manchmal etwas aus dem Hut?

HÖRERSPASS AM TELEFON

Aus den Socken würde es riechen!

Natürlich denken alle bei der Redewendung »etwas aus dem Hut« holen oder ziehen sofort an die Zauberer. Wir haben gleich das Bild vor Augen, wie ein weißes Kaninchen mit einem großen Tusch aus dem Hut gezaubert wird. Und tatsächlich ist es gut möglich, dass die Redewendung aus der Welt der Zauberei kommt. Es gibt aber noch eine zweite Erklärung. Demnach stammt sie aus der Welt des Bogenschießens. War die Sehne des Bogens unbrauchbar geworden, musste schnell eine Neue her; und die hatten gut vorbereitete und clevere Schützen gut geschützt im Hut versteckt, so wurde sie bei Regen nicht nass und konnte im Notfall schnell als Ersatzsehne dienen.

Warum sind wir manchmal auf dem falschen Dampfer?

HÖRERSPASS AM TELEFON

Nicht jeder Dampfer ist das Traumschiff!

Diese Redensart ist vergleichsweise jung. Sie entstand erst Anfang des 20. Jahrhunderts. Damals wurden bei Ferntransporten die Segelschiffe mehr und mehr von den Dampfschiffen abgelöst. Allerdings hatten die Segler nach wie vor einen Vorteil: Sie waren kostengünstiger, weil sie keine Kohle brauchten. Das veranlasste einige kurzsichtige Geschäftsleute, lieber auf die Segler zu setzen, um ein paar Groschen im Sparstrumpf zu lassen. Leider vergeblich. Auf halber Strecke mussten sie dann doch auf die schnelleren Dampfschiffe umsteigen. Weil aber die direkten Verbindungen da meist schon besetzt waren, gingen sie nun weite Umwege und waren auf dem falschen Dampfer.

Warum haben manche Dreck am Stecken?

HÖRERSPASS AM TELEFON

Weil sie sich keine Putzfrau leisten können!

Diese Redensart hat uns wieder einmal das Mittelalter geschenkt. Damals waren höchstens die Auffahrten zu Palästen mit Steinen gepflastert. Die meisten Straßen und Wege zierten Staub, Modder und jede Menge Dreck. Die schmuddeligsten Ecken befanden sich oft da, wo die Knechte und Mägde wohnten. Wer nun zu seiner Herrschaft gerufen wurde, musste sich vorher mit einem Stock oder Stecken die Schuhe säubern. Dreck am Stecken stand also zunächst nur für Menschen von niederem Rang. Weil man denen aber mehr Gemeinheit zutraute als den Hochwohlgeborenen, wurde der Dreck am Stecken im Laufe der Zeit kriminell. Und das ist er bis heute.

Warum läuft alles wie am Schnürchen?

HÖRERSPASS AM TELEFON

Weil wir dem roten Faden folgen!

Der Ursprung des Schnürchens ist historisch verheddert. Die einen sehen die Anfänge der Redensart im Rosenkranzbeten, andere machen Strippen- und Drahtzieher dafür verantwortlich. Beliebt ist auch der sagenhafte Herr Theseus, der den Ariadnefaden nahm, um aus dem Labyrinth herauszufinden. Am originellsten ist aber die Schnur des Kutschers. Die war an seinem Arm befestigt und lief vom Kutschbock in den Innenraum der Kutsche. Zog der Passagier an der Schnur, wusste der Kutscher, ob er schneller oder langsamer fahren soll. So lief für den Fahrgast alles wie am Schnürchen.

Warum kommt uns etwas Spanisch vor?

HÖRERSPASS AM TELEFON

Französisch ist schwieriger!

Der Ursprung dieser Redensart führt uns zurück ins 16. Jahrhundert. Kaiser Karl V. war schon seit 1516 spanischer König, da wurde ihm 1519 auch noch eine andere Krone angetragen: die römisch-deutsche. Seine deutschen Untertanen staunten nicht schlecht, als ihr neuer Herrscher allerlei merkwürdige Sitten am Hof einführte. Dazu gehörte auch, dass Spanisch zur neuen Verkehrssprache wurde. Damit konnte das einfache Volk nun wiederum wenig anfangen: Es kam ihm reichlich spanisch vor.

Woher kommt der junge Spund?

HÖRERSPASS AM TELEFON

Aus der FDP!

Ein junger Spund ist ein Heißsporn, der erst noch zeigen muss, ob er weiß, wo es langgeht. Auf welchen Spund genau die Redensart zurückgeht, darüber streiten die Gelehrten. Es könnte der Spund im Kuchen sein. So nennt man nämlich bei einem nicht richtig ausgebackenen Kuchen den noch etwas matschigen Kern im Innern. Ein solcher Kuchen braucht noch Zeit, damit aus ihm was wird. Wahrscheinlicher ist allerdings der Spund im Fass gemeint. Das ist der Zapfen, der das Eingangsloch am Fass verschließt. So wird die eingefüllte quasi jungfräuliche Flüssigkeit durch den Spund im Fass gehalten. Und muss reifen. Wie ein Jungendlicher, ein junger Spund eben.

Die Inhalte dieses Buches sind mit größtmöglicher Sorgfalt erarbeitet und recherchiert worden. Trotzdem ist es nicht möglich, alle Themen abschließend zu bewerten, da sich einige noch in der fachlichen Diskussion befinden. Weder die Autorinnen noch der Verlag können bei inhaltlichen Fehlern eine Haftung übernehmen.

Verwendete und weiterführende Quellen

(Die Titel sind kursiv gesetzt)

Bücher

1000 Irrtümer der Allgemeinbildung. Chefredaktion: Angela Sendlinger. München, 2006.

André Lorenz (u. a.): *Stimmt doch gar nicht! Die 1000 größten Irrtümer aller Zeiten*. Augsburg, 2007.

Auerbach, Isabelle: *Haben Hühner einen Bauchnabel? Spannende Fragen und Antworten für Kinder und Erwachsene*. Berlin, 2006.

Auerbach, Isabelle: *Kriegen Eisbären eine Gänsehaut? Neue spannende Fragen und Antworten für Kinder und Erwachsene*. Berlin, 2006.

Bister,Rudolf, Seiler, Dr. Signe: *Das neue superschlaue Antwort Buch*. Nürnberg 1995

Brater, Jürgen: *Lexikon der rätselhaften Körpervorgänge. Von Alkoholrausch bis Zähneknirschen*. München, 2005.

Dangel, Joachim: *Warum haben wir Schwein, wenn wir Glück haben. Fragen des Alltags*. München, 2007.

Davis, Kenneth C.: *Wieso fließt der Nil bergauf? Alles, was Sie über die Welt wissen sollten, aber nie gelernt haben*. Bergisch Gladbach, 2006.

Die neuen Irrtümer der Allgemeinbildung. Chefredaktion: Angela Sendlinger. München, 2006.

Dittmar-Ilgen, Hannelore: *Warum platzen Seifenblasen? Physik für Neugierige*/Leipzig 2003

Drösser, Christoph: *Stimmt's? Freche Fragen, Lügen und Legenden für clevere Kids.* Reinbek bei Hamburg, 2005.

Drösser, Christoph: *Stimmt's? Neue moderne Legenden im Test.* Reinbek bei Hamburg, 2004.

Duden. Band 11: Redewendungen. Wörterbuch der Idiomatik. Hg. vom wissenschaftlichen Rat der Dudenredaktion, Mannheim, 2002.

Duden. Band 7: Das Herkunftswörterbuch. Etymologie der deutschen Sprache. Hg. vom wissenschaftlichen Rat der Dudenredaktion. Mannheim, 2007.

Frag doch mal ... MausQuiz Wissenschaft und Technik und *Frag doch mal ...* MausQuiz Natur. München, 2007

Haben Fische Durst? 111 Antworten auf Fragen, die Ihnen schon immer auf den Nägeln brannten. Herausgegeben von Karl-Heinz Wellmann. München, 2007.

Harder, Bernd: *Warum Krokodile nur bei Gewitter Sex haben... und weitere neue Rätsel des Alltags.* München, 2006.

Ist es wahr dass...? 2008. Alltagswissen auf dem Prüfstand. Dortmund, 2007.

Kann man im Handstand schlucken? ... und über 100 weitere Rätsel des Alltags. Konzeption und Realisation von Roswitha Kern. München, 2003.

Krämer, Walter und Götz Trenkler: *Lexikon der populären Irrtümer.* München, 2004.

Krämer, Walter und Wolfgang Sauer: *Lexikon der populären Spachirrtümer.* München, 2004.

Krämer, Walter, Götz Trenkler und Denis Krämer: *Das neue Lexikon der populären Irrtümer.* München, 2004.

Lexikon der Redensarten. Herkunft und Bedeutung deutscher Redensarten. Hg. von Klaus Müller. München, 2005.

Leyner, Mark und Billy Goldberg: *Warum schlafen Männer nach dem Sex immer ein? Neue drängende Fragen, die Sie Ihrem Arzt erst nach dem dritten Whiskey Sour stellen würden.* München, 2007.

Lippert, Helga, Mooni, Claudia: *Terra X Große Mythen*. München, 2008.
MacFarlan, Donald: *Das neue Guiness Buch der Fragen und Antworten*. Berlin, 1995.
Physik fängt unter der Dusche an. Den Alltag entdecken mit Galileo. Aiman Abdallah präsentiert. Mit Olaf Fritsche. Hamburg, 2007.
Pollmer, Udo und Susanne Warmuth: *Lexikon der populären Ernährungsirrtümer. Missverständnisse, Fehlinterpretationen und Halbwahrheiten.* Frankfurt am Main, 2000.
Rätsel des Alltags. Die wirklich wichtigen Fragen der Menschheit, beantwortet vom Süddeutsche Zeitung Magazin. Hg. von Dominik Wichmann. Ulm, 2007.
Redensarten. Interessantes, Kurioses und Wissenswertes über Herkunft und Bedeutung von 366 Redensarten. Augsburg, 2007.
Röhrich, Lutz: *Lexikon der sprichwörtlichen Redensarten.* Freiburg-Basel-Wien, 1991.
Rogers, Simon: *Wie langsam kann man Wasserski fahren? Kluge Antworten auf knifflige Fragen*, Berlin 2007.
Schmeh, Klaus: *Das trojanische Pferd. Klassische Mythen erklärt.* München 2007.
Waller, Klaus: *Lexikon der klassischen Irrtümer. Wo Einstein, die katholische Kirche und andere total danebenlagen.* München, 2003.
Wolke, Robert L.: *Was Einstein seinem Koch und seinem Friseur erzählte. Naturwissenschaft in der Küche und im Alltag.* Zwei Bestseller in einem Band. München, 2006.
Wunderbare Alltagsrätsel. Warum fallen schlafende Vögel nicht vom Baum? Was macht die Mücke beim Wolkenbruch? Zwei Bestseller in einem Band. Hg. von Mik O'Hare. München, 2006.

Internet-Seiten

http://bauernregeln.aio-world.net
http://DE.WIKIPEDIA.ORG
http://SZ-MAGAZIN.SUEDDEUTSCHE.DE/TEXTE/LISTE/L/22
http://www.brockhaus-enzyklopaedie.de
http://WWW.DASERSTE.DE/WISSENVORACHT
http://WWW.GEO.DE/GEOLINO/MENSCH/REDEWENDUNGEN
http://www.glamour.de
http://www.gesundheit.de
http://www.chemieonline.de
http://www.frag-mutti.de
http://www.waswiewo.com
http://www.kopfball.de
http://www.redensarten.net
http://www.morgenpost.de
http://www.bild.de
http://www.stern.de
http://www.spiegel.de
http://www.berliner-zeitung.de

Bilderbuch der Kuriositäten

Was haben 16 Roboter, 6 monumentale Bauten, 11 ausgestorbene Tierarten und 57 Sorten Kartoffelchips gemeinsam? Ganz einfach – sie alle erscheinen in diesem Buch, einem Sammelsurium von nützlichem und ganz und gar unnützem Wissen, aufbereitet und präsentiert in vielen bunten Infografiken.

LISTOMANIE
Die größten, besten und verrücktesten Listen der Welt
288 Seiten, Flexicover
4000 Abbildungen
€ 19,95 (D) / € 20,60 (A)
ISBN 978-3-86803-496-1